明徳の乱

将軍・足利義満と山名一族の最終戦争

濱田浩一郎

JN197981

星海社

317

SEIKAISHA SHINSHO

はじめに

明徳《めいとく》の乱は、南北朝時代の明徳二年（南朝では元中《げんちゅう》八年＝一三九一年）に勃発した内乱である。室町幕府の最盛期を築いた三代将軍の足利義満《あしかがよしみつ》が、強大な守護大名である山名《やまな》氏の内紛に介入し、将軍権力を確立する画期となる戦いであり、南北朝時代末期としては有数の大きな戦いでもある（近年では六代・足利義教を幕府絶頂期の将軍とする見解もある）。

しかし、明徳の乱の詳細についてはあまり知られていない。

日本史の教科書『高校日本史B』を見ると、応仁《おうにん》元年（一四六七）に起こり、京都を主戦場とした応仁の乱は黒字で特筆されているが、明徳の乱は本文には記されず「守護大名の分布」という図に記載されるのみだ。筆者は、中学・高校時代の授業において、応仁の乱という用語やその説明はよく耳にしたが、記憶が確かなら明徳の乱はほぼ聞いたことがない。おそらく読者の大半も同じではなかろうか。

日本史の教科書ならまだしも、歴史家が書いた著作でも明徳の乱は詳述されない感がある。足利義満についての書籍でも、明徳の乱についての説明は二・三頁ほどということが多い。よって、明徳の乱に馴染《なじ》みがない読者も多いことだろう。

明徳の乱の翌年（一三九二）には、建武《けんむ》三年（一三三六）以来続いていた南北朝の朝廷分裂状態が解消し、南北朝時代が終焉《しゅうえん》を迎えるが、そのこともあって「明徳の乱は、義満の南北朝合体計画の一環として引き起こされたと見ることもできる」（森茂暁『足利義満』KADOKAWA、二〇二三年、一八八頁）と評されることもある。その評言が適切か否かは別として、時代の転換点に起きた合戦と位置づけることができよう。

明徳の乱は、応仁の乱のように約十一年も続いたわけではなく、わずか一日で終結しているため、地味な乱ではあるのだが、内実を見ていくとそこには数々の人間ドラマが存在した。

明徳の乱はなぜ起こったのか。どのように乱は展開し、終結したのか。そして後世どう語られたのか。これまで、一般書や専門書でも詳述されることがなかった明徳の乱の実態を本書において明らかにしていきたい。

目次

はじめに　3

第一章　足利義満という将軍　15

義満の誕生と兄弟たち　16
播磨避難　17
父・義詮の死　19
義満の元服と将軍就任　21
細川頼之の苦衷　23
康暦の政変――頼之の没落　25
新管領・斯波義将と義満　28

義満と公家社会　31
後円融天皇との軋轢　33
皇位継承と義満　36
義満の密通疑惑と後円融院の暴行事件　37
義満の諸国遊覧　38

第二章　「六分の一殿」山名一族の強勢　41

鎌倉時代の山名氏　42
中興の祖・山名時氏の言葉　44
鎌倉末の動乱と山名氏　45
守護・山名時氏の分国支配　48
観応の擾乱と山名氏　51
時氏の幕府への帰順　53
時氏の死と勢力拡大　54

第三章

物語の中の「明徳の乱」 59

足利義満と山名氏 60
『明徳記』の始まり 62
山名氏清の宇治不参 64
山名満幸の横田荘押領 67
氏清・満幸の叛意 69
氏清の詐術 70
山名義理の同心 72
義満、義理の真意を探る 74
義満の合戦評定 75
幕府軍の陣構えと戦略 77
山名方の評定と陰陽博士 79
氏清の野望と小林義繁の諫言 82

山名一族の戦略と誤算　84
山名方の裏切り者と幕府方の奇瑞　86
垣屋弾正忠と滑良兵庫助の誠忠　88
大内義弘の号令　90
小林義繁・山名高義の討死　92
中巻開幕――満幸の行方　95
土屋一族の覚悟　97
義満の義弘褒賞　99
満幸の奮戦と土屋一族の討死　101
将軍の進軍と鳩の奇瑞　104
氏清の攻勢　106
赤松義則軍の奮戦　108
垣屋・滑良の死　111
一色詮範の参戦　113
山名小次郎の忠義　115

哀れ！　家喜九郎　117
小次郎の死　119
幕府方の人々の振舞い　122
山名氏清の批判　124
義満の褒賞と満幸逃亡　127
塩冶駿河守の切腹　131
満幸の末路　133
山名義理の逃避行　135
『明徳記』の終幕　138

終章　明徳の乱の諸相　141

『明徳記』の成立について　142
『明徳記』作者の謎　144
『明徳記』の中の虚構　150

山名氏と荘園押領 152
新田義貞と山名氏清 155
満幸誅殺の「虚構」 160
「史実」としての明徳の乱 165
後世の明徳の乱——新井白石・頼山陽—— 180

おわりに 188

主要参考引用文献一覧 193

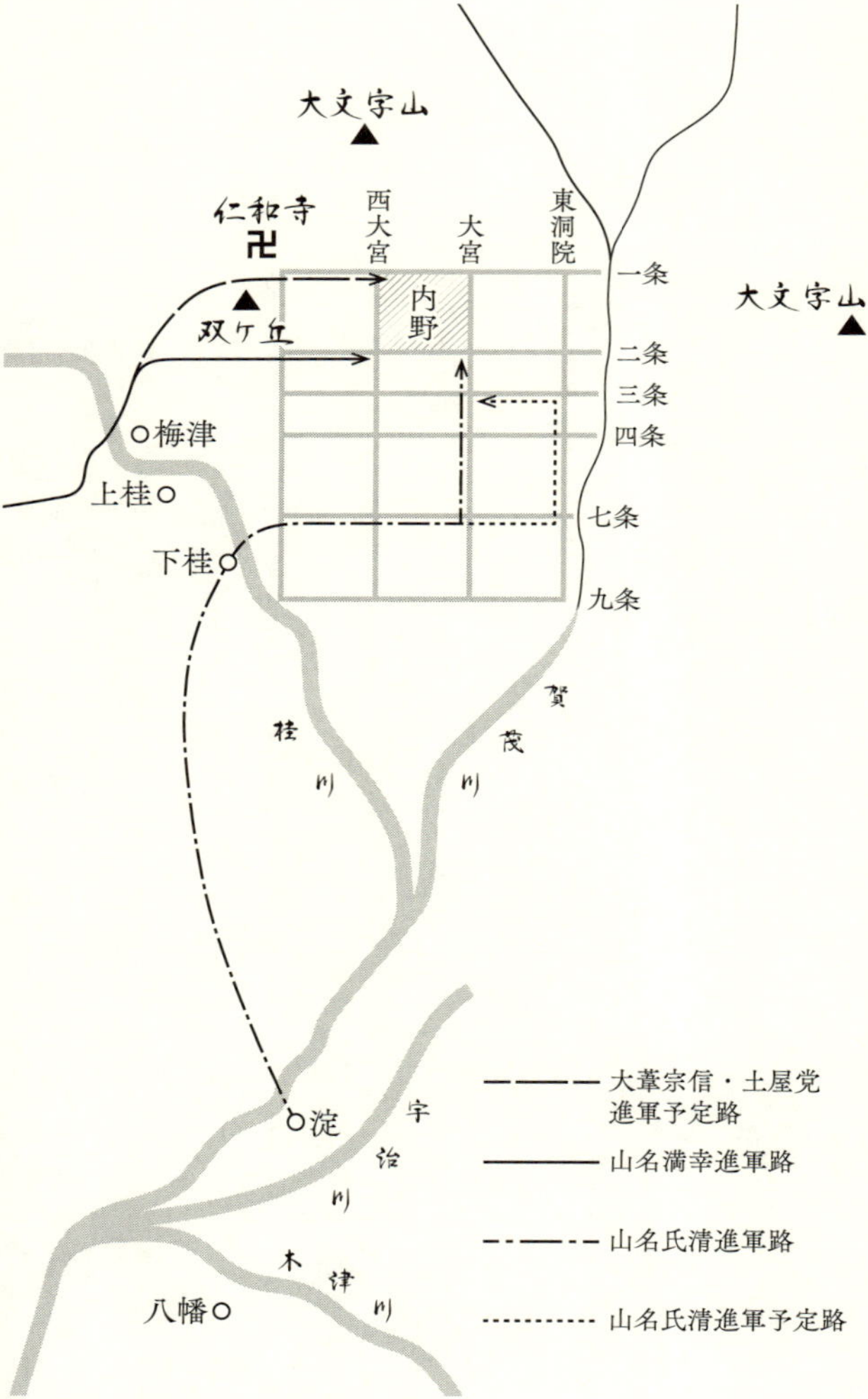

明徳の乱における山名方の進軍路
（松岡久人『中世武士選書 14　大内義弘』をもとに作成）

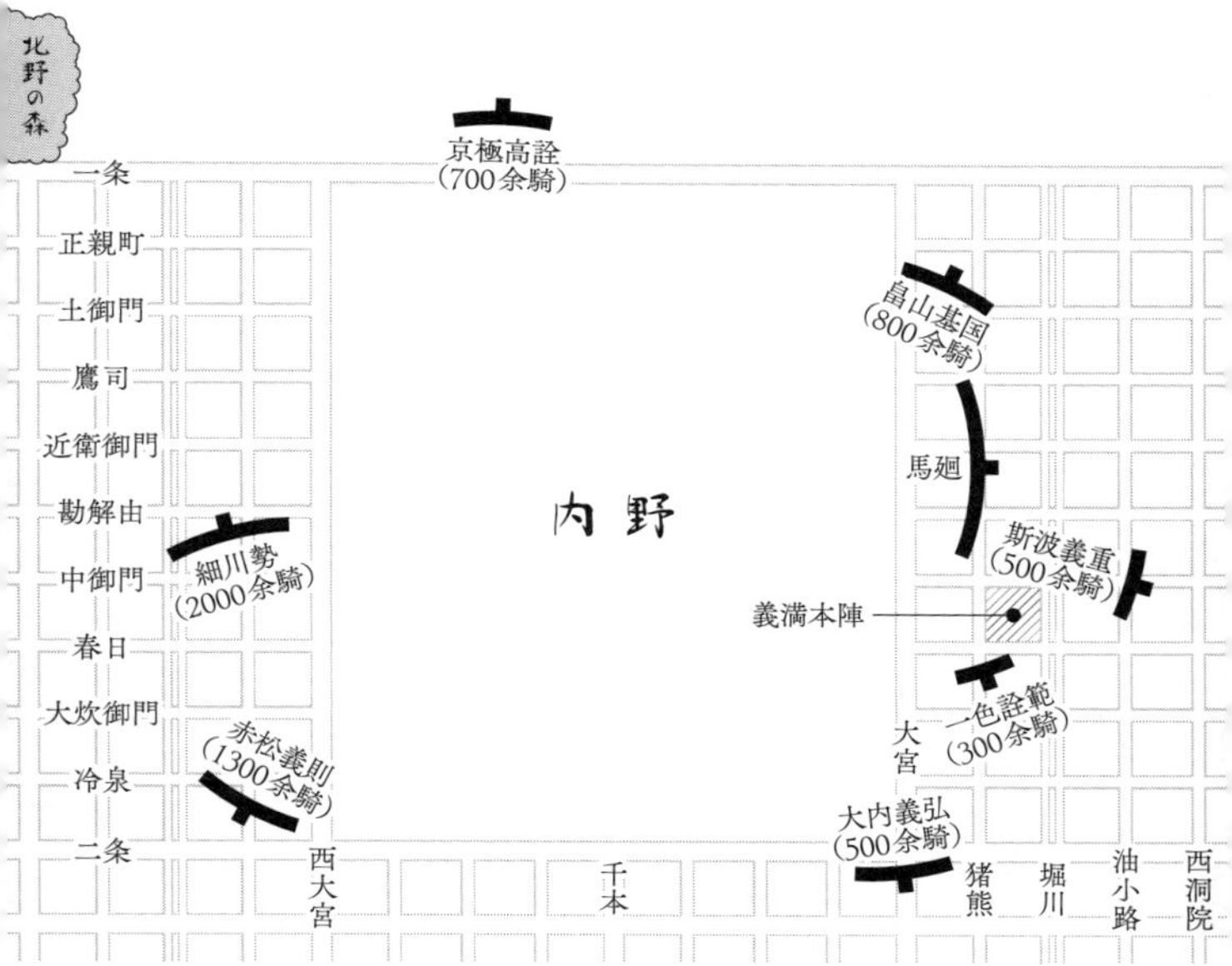

明徳の乱における幕府方の布陣図
(松岡久人『中世武士選書 14　大内義弘』をもとに作成)

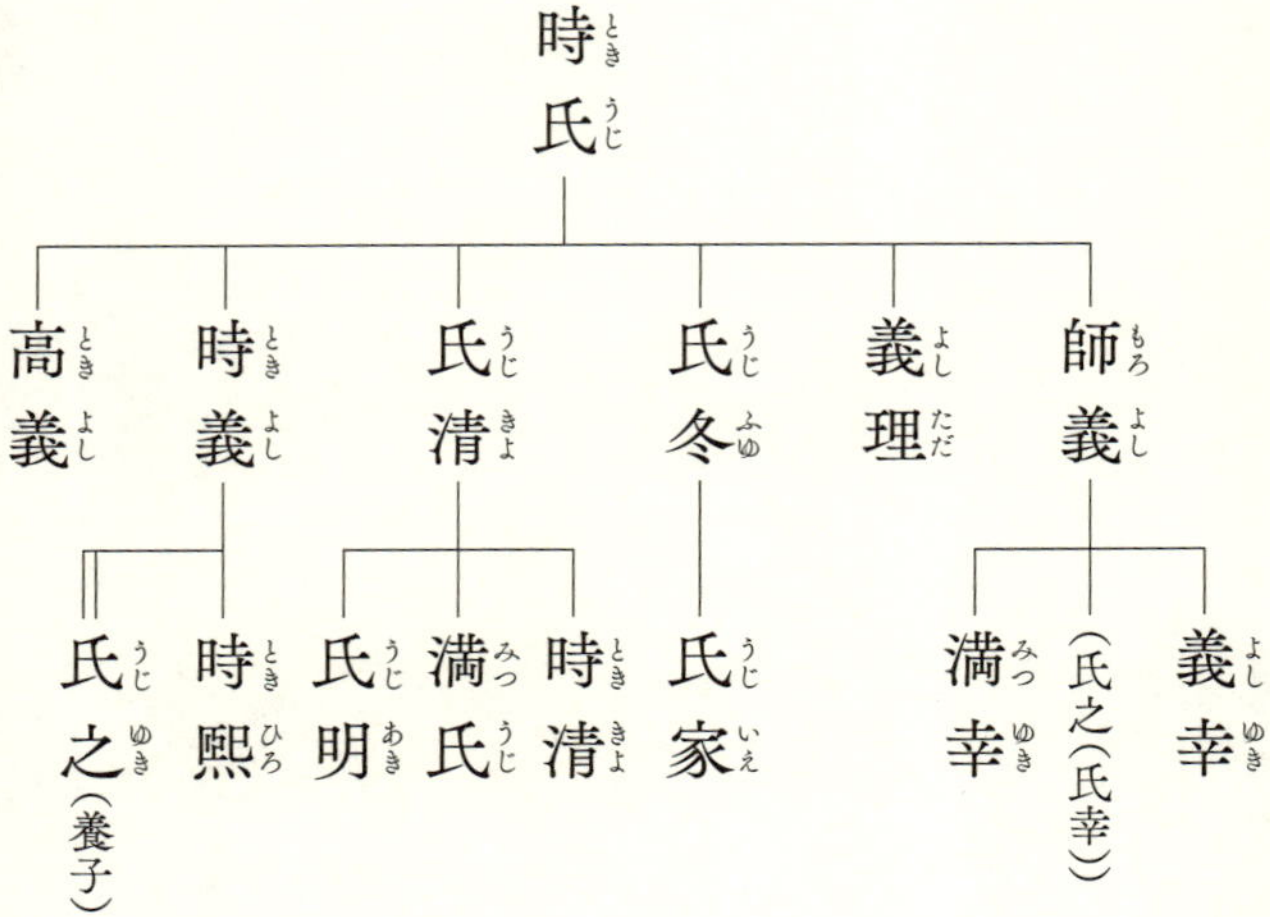

山名氏略系図

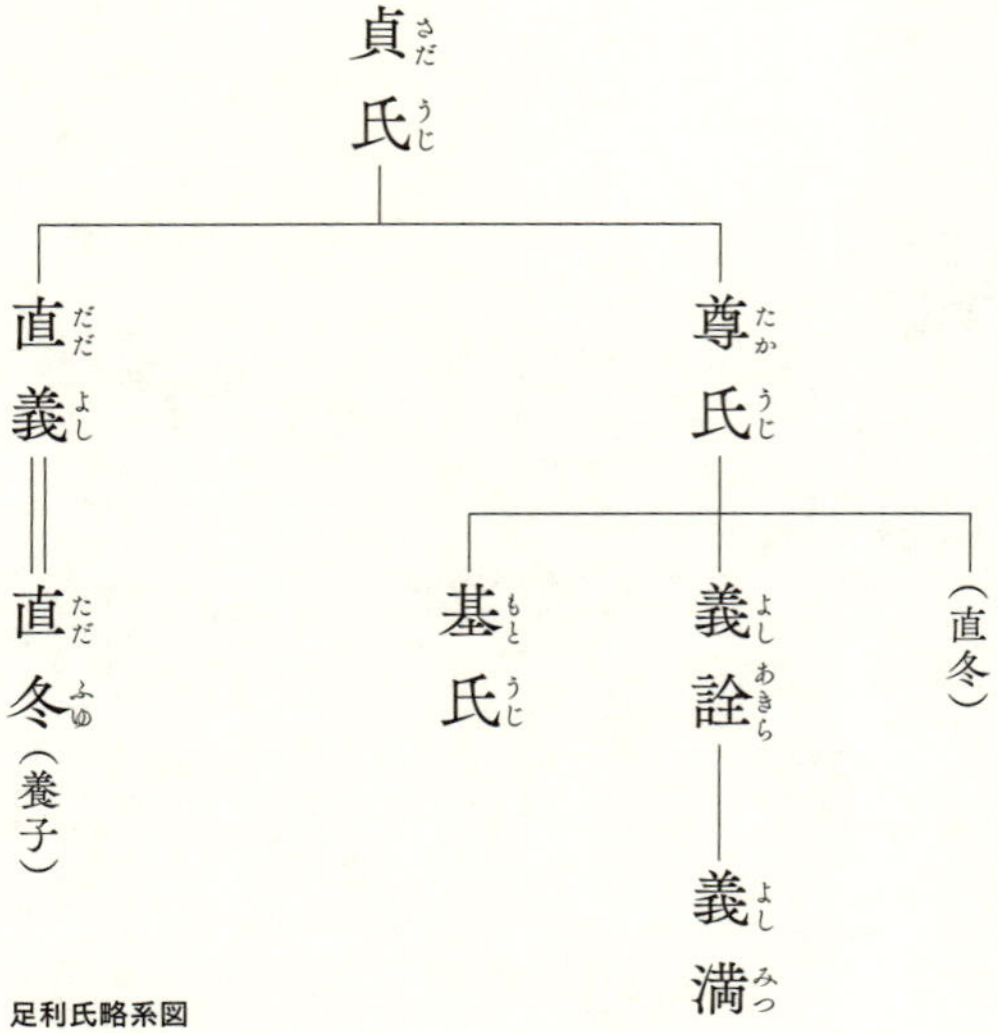

足利氏略系図

第一章

足利義満という将軍

義満の誕生と兄弟たち

明徳の乱について論述する前に、乱に至るまでの足利義満と山名一族について説き起こす必要がある。「はじめに」で述べたように、明徳の乱は義満（室町幕府）と山名氏との戦いであるからだ。両者はどのような前半生を経て、向き合い、そして対立し、乱へと突入していったのだろうか。そこで第一章では、足利義満の前半生を見ていきたい。

義満が生まれたのは、延文《えんぶん》三年（一三五八）八月二十二日のことであった。同年四月三十日、義満の祖父で足利幕府初代将軍の足利尊氏《たかうじ》が二条《にじょう》万里小路《までのこうじ》の邸で病没している。義満の父は、尊氏の子で足利幕府の二代将軍・足利義詮《よしあきら》。母は紀良子、石清水八幡宮祠官・善法寺通清の娘である。南北朝時代の公卿《くぎょう》・近衛《このえ》道嗣《みちつぐ》の日記『愚管記《ぐかんき》』の延文三年八月二十三日条には、昨夜、足利義詮の「愛物」（愛しい女性の意。良子のこと）が「男子」を産んだと記されている。言うまでもなく、この「男子」こそ後の義満である。同日記の同じ条文には、良子が「去年」にも「一子（男子）」を産んでいることが書かれ、今回の出産と併せて「珍重」（めでたい）と道嗣の感想が書き込まれている。道嗣は使者を義詮に遣わし、男子の誕生を賀した。

道嗣の日記からは、義満には一年年長の兄がいたことが分かるが、その名前は不明である。義満兄の出生については、南北朝時代の公卿・洞院公賢《とういんきんかた》の日記『園太暦《えんたいりゃく》』延文二年五月七日条にも記載があるが、その男子の後の消息は分からない。紀良子は他にも子を産んでおり、それが貞治《じょうじ》三年（一三六四）生まれの足利満詮《みつあきら》である。義満より六歳下の同母弟ということになる。義詮の子を多数産んだ良子であるが、正室ではなかった。義詮の正室は、足利氏の一門・渋川義季の娘・幸子である。幸子は観応二年（一三五一）に義詮の子・千寿王丸を産んでいるが、千寿王丸は文和四年（一三五五）に早世し、義満が義詮の嫡子《ちゃくし》（家督《かとく》を相続する者）に定められる。先に触れたように、義満には同母兄がいたが、その兄が嫡子とならなかったのは、想像を逞《たくま》しくすると、既に死去していたからかもしれない。

播磨避難

義満に話を戻すと、彼の幼名は春王といい、政所《まんどころ》執事《しつじ》の伊勢《いせ》貞継《さだつぐ》のもとで養育された。政所は幕府の財政や領地に関する訴訟を司る役所で、執事はその長官である。

義満が四歳の頃の康安《こうあん》元年（一三六一）、南北朝動乱を象徴するような出来事が起こる。足利家の執事・細川清氏《ほそかわきようじ》が同年九月、幕府内の政争から分国の若狭《わかさ》国に突如出奔《しゅっぽん》し、南朝に呼応したのだ。清氏や楠木《くすのき》正儀《まさのり》（楠木正成《まさしげ》の三男）、石塔頼房《いしどうよりふさ》ら南朝軍は十二月に大挙して都に攻め寄せ、義満の父・義詮は、北朝の後光厳《ごこうごん》天皇を奉じて近江国《おうみ》（現在の滋賀県）に逃れる。一方、幼少の義満は、京都の建仁寺《けんにんじ》に匿《かくま》われた後、播磨《はりま》国守護・赤松則祐《あかまつのりすけ》のもとに逃れるのであった。

赤松氏の居城・白旗《しろはた》城（兵庫県赤穂郡上郡町）に入った義満は、しばらく播磨赤松氏のもとで養育される。ちなみに赤松則祐は、鎌倉時代末に、鎌倉幕府の西国機関・六波羅探題《ろくはらたんだい》を陥落させることに功があった赤松則村《のりむら》（円心《えんしん》）の三男である。則祐は父・円心に従い、鎌倉幕府打倒に尽力した武将であり、南北朝時代においては一時、南朝に降《くだ》ることもあったが、ほぼ北朝方、足利尊氏・義詮父子に従い、活躍している。年少の義満が赤松氏のもとに避難したのも、これまでの足利氏と赤松氏のそうした関係性によるものであろう。なお、播磨に避難した幼少の義満を慰《なぐさ》めるために上演されたとされるのが芸能「松囃子《まつばやし》」で、この松囃子は、後に室町幕府の正月行事となる。

それはさておき、都を追われた義詮はしばらくして南朝軍を破り、京都を回復する。敗れた細川清氏は阿波《あわ》国（徳島県）に逃れた。京都を逃れていた後光厳天皇も康安二年（一三六二）四月には内裏《だいり》に還幸《かんこう》され、播磨に居住していた義満も、この前後には帰京したと推測される。都に戻る途次、義満は摂津《せっつ》国の琵琶塚《びわづか》（神戸市兵庫区）の風景を気に入り、近臣に対し「汝《なんじ》らこの地を舁《か》いて都に持っていけ」と命じたという。五歳にして王者の風格を感じさせる逸話であるが史実ではないであろう。

父・義詮の死

貞治三年（一三六四）三月、七歳となった義満は、乗《じょう》馬《ば》始《はじめ》（男子が初めて馬に乗る儀式）を行っている。同年八月には、父・義詮は三条《さんじょう》坊門《ぼうもん》の地に邸の建造を行う。これが三条坊門第《てい》であり、義満の時代に室町第が出来るまで幕府の重要拠点となった。翌年六月、義満は伊勢貞継邸から赤松則祐の邸に移居している。

貞治五年（一三六六）十二月、それまで幼名の春王という名だった義満は、後光厳天皇より「義満」の名を頂戴する。名前の候補については「義満」と「尊義」の二案が朝廷から義詮に提示されたが、義詮が「義満」を選択したことからそう決まったという。義満は併せて従五位下に叙爵《じょしゃく》された。天皇から名を授与された義満であるが、元服《げんぷく》は二年後（一三六八年）のことになる。

翌貞治六年（一三六七）は、義満にとって大きな転機となった。父・義詮が重病となり、義満に家督が譲られたのである。義詮の発病時期については同年七月や九月という説がある。病に陥った義詮が、年少の義満に幕府を任せるにあたって採った策が、当時、讃岐《さぬき》・阿波・伊予《いよ》・土佐《とさ》国の守護を務める四国の有力守護、細川頼之《よりゆき》を都に呼び寄せ、執事（のち管領《かんれい》）としたことであった。時に頼之、三十九歳。細川氏は足利一門の大名であり、三河国額田郡細川郷（現在の愛知県岡崎市）を名字の地とした。頼之は細川頼春《よりはる》の子であり、かつて幕府の所領関係の訴訟を担当する引付方《ひきつけかた》の頭人《とうにん》を務めたこともあった。傍流《ぼうりゅう》とはいえ細川氏が足利一門であること、細川氏が元来より足利家に忠実な有力守護であったことも、前年まで執事であった斯波義将《しばよしゆき》に代わり頼之が執事に任命された理由であろう。

斯波氏もまた足利一門であり、義将は貞治元年（一三六二）七月に執事に任命されていた。当時、義将は十三歳と年少であり、父・斯波高経《たかつね》の後見が必要であった。ところが高経は諸将の反発をかい、貞治五年（一三六六）八月に失脚し、子の義将とともに本拠の越前《えちぜん》国へと去った。その後、しばらくは執事は置かれなかったが、貞治六年の下半期、二代将軍・足利義詮の病を契機にして細川頼之が執事となる。それは、頼之が年少の義満を後見し、幕政の舵取りをすることを意味していた。同年九月、頼之は讃岐国から多くの軍勢を率いて上洛《じょうらく》した。

しかし、頼之の執事就任を快く思わない守護大名もおり、伯耆《ほうき》・丹波《たんば》守護であった山名時氏《ときうじ》がその代表格であった。時氏が「鬱憤《うっぷん》」を抱いたことから「天下之乱」が勃発するのではないかと噂が流れたほどである。同年十一月、義詮は義満に家督を譲ることを朝廷に報告し、翌月三日、十歳の義満は左馬頭《さまのかみ》、正五位下に叙された。その四日後、義詮は三十八歳でこの世を去る。

義満の元服と将軍就任

足利義満は、応安《おうあん》元年（一三六八）四月十五日、元服する。加冠（冠＝烏帽子《えぼし》を付ける役目）は新執事の細川頼之が担当し、理髪（髪を結う役目）は細川業氏《なりうじ》、打乱役《うちみだり》（衣服などを入れておく打乱箱を取り扱う役目）は細川氏春《うじはる》、泔杯役《ゆするつき》（髪を洗う湯水を入れる器・泔杯を扱う役目）は細川頼基《よりもと》が担った。元服の儀が細川一門により担われているのが一目瞭然《いちもくりょうぜん》であろう。元服は公家の要素を排し「一向武家の儀」で行われた。

義満が将軍宣下《せんげ》を受けるにしても、御判始《ごはんはじめ》（将軍が就任して初めて御判《ごはんのみ》御教書《ぎょうしょ》に花押《かおう》を署した儀式）を行うにしても、まずは元服していることが前提であったため、頼之は義満をできるだけ早く将軍職につけ、武家結集の核としたかったのだろう。頼之に反発する大名もいる中で、それが自らの立場を安定させる方策であったからだ。義満元服の日、頼之は武蔵守《むさし》に任じられた。

義満が征夷大将軍に朝廷から任命されるのは、応安元年（一三六八）十二月のことである。元服からわずか約八ヶ月で将軍に就任したことになる。義満、十一歳の時である。祖父・尊氏の将軍就任は三十四歳、父・義詮は二十九歳であることを考えれば、頗《すこぶ》る若いと言えるだろう。だが、義満が文書を発給するに必要な御判始は、約四年後の応安五年（一三七二）十一月であり、将軍に就任したとはいえ、政務を執《と》れたわけではなかった。この期間、将軍職は細川頼之によって代行されていたと言うべきだろう。

将軍代行であり、義満にとって年齢的に父のような存在とも言える頼之の頭を悩ませたのは、比叡山延暦《ひえいざんえんりゃくじ》寺であった。一三六八年、臨済宗南禅寺《なんぜんじ》の住持・定山祖禅《じょうざんそぜん》がその著書において延暦寺や園城寺《おんじょうじ》を攻撃したことに延暦寺は怒り、定山の処罰と南禅寺楼門の破却を朝廷に求めたのだ。朝廷は幕府にこの件を相談するが、執事の頼之は延暦寺の要求を撥《は》ね付ける意向であった。延暦寺の強訴《ごうそ》に屈すれば「武家面目を失う」ことが懸念されたのである。

応安元年（一三六八）八月二十九日、延暦寺の衆徒は神輿《みこし》を奉じ、強訴。賀茂河原《かものかわら》に神輿を振り捨てて帰山した。神輿は祇園《ぎおん》社に回収される。延暦寺の強硬姿勢に対し、幕府は妥協を余儀なくされた。定山の流罪《るざい》を幕府は容認し、十一月二十七日、定山は遠江《とおとうみ》国に配流される。

ところが、延暦寺はそれでも納得しなかった。翌応安二年（一三六九）四月、衆徒らは再び神輿を奉じ入洛する。頼之は強気な姿勢だったようだが、幕閣は一枚岩ではなく、延暦寺に妥協すべしとする山名時氏・赤松則祐・佐々木氏頼《うじより》らの諸将もいた。

七月十九日、幕府は神輿を帰座させるため、延暦寺の要求である南禅寺楼門の撤去を呑むことを勧める意向を朝廷に伝達している。幕府の譲歩であり、頼之の敗北であった。そして、南禅寺の楼門は幕府により破却され、神輿は帰座した。強硬姿勢だった頼之が軟化したのは、この問題により有力大名間の対立・分裂が深まることを懸念したためであろうか。または、延暦寺の訴えを受け入れることを要請する朝廷に屈したと言えるのかもしれない。

細川頼之の苦衷

頼之の悩みの種は延暦寺（山門）だけではなかった。応安四年（一三七一）、南朝から北朝に寝返った楠木正儀を救援するため、頼之は諸将に命令を下すが、武将が下知《げじ》に従わないという事態が起こる。将軍代行ともいえる頼之に従わない諸将がいたということは、威令が行われていないということである。頼之は幕府内部で孤立していたと言うべきだろうか。これに立腹した頼之は、洛北の西芳寺《さいほうじ》に遁世《とんせい》のため赴《おもむ》いたという。

翌年（一三七二）九月にも頼之の気分を害する出来事が起こる。頼之と対立していた禅僧・春屋妙葩《しゅんおくみょうは》を天龍寺に帰住させようという動きが周囲に起こったのだ。反発した頼之は執事を辞職し、領国の四国に帰ろうとまでする。そこで自らの命令に服しない現状に嫌気がさした頼之を慰留したのが義満であった。頼之の将軍代行体制は、義満を戴くことでかろうじて維持されていたのである。

そして同年十一月二十二日、十五歳の将軍・義満の御判始が行われた。将軍職に任じられて、初めて御教書に花押を署す儀式である。儀式とはいえ、将軍権力の形成のための重要な一階梯《かいてい》だった。義満の花押が初めて記されたのは石清水八幡宮への寄進状であった。義満は、永和《えいわ》元年（一三七五）四月二十五日には初めて参内（宮中に参上）し、後円融《ごえんゆう》天皇と対面している（後光厳天皇は一三七四年に崩御）。元服の儀と同じように、この時も「武家之儀」（武家のやり方）で行われた。同年十一月、義満は従三位に叙される。

この頃、義満は正室を迎える。相手は日野時光《ひのときみつ》の娘・業子《なりこ》である。義満より七歳も年長であった。業子は後円融天皇に仕える典侍（女官）であったが、伯母の藤原宣子《ふじわらのせんし》（日野資名《ひのすけな》の娘）の計らいにより、義満に嫁いだという。ちなみに宣子は後光厳天皇の典侍であって「御乳母《おんめのと》」だったとも言われる。義満は宣子を敬愛し、その邸を度々、訪れた。そして宣子が没すると自ら葬儀を沙汰《さた》したのである。

さて、永和四年（一三七八）三月、義満は室町の北御所に転居する。室町には鎌倉時代より公家・西園寺《さいおんじ》家の邸が造営されていた。西園寺家が菊亭・室町亭・大宮亭といった邸を営んでいたのである。その中の室町亭は、南北朝時代に義満の父・義詮によって購入され、別荘とされた。同所は花見の名所でもあり、義詮の死去後に室町亭は崇光院《すこういん》に献上され「花の御所」と称された。だが、永和三年（一三七七）二月、火災により焼失してしまう。その後、再建されずにいたものを義満が入手し、新たな邸建造のための敷地としたのだ（菊亭も併せて入手）。邸の造営が行われ、北御所が完成したため、永和四年三月に義満はそこに移る。なお南御所の完成は、永徳《えいとく》元年（一三八一）である。

康暦の政変——頼之の没落

諸大名の反発をかいながらも幕政を切り盛りしていた管領の細川頼之であったが、それも限界を迎える。反頼之の急先鋒は斯波義将で、それに土岐頼康《ときよりやす》や京極高秀《きょうごくたかひで》が加勢する構図だ。

頼康と高秀は幕府に叛逆したこともあり、頼之は彼らを討伐せよと命令を下す。ところが康暦《こうりゃく》元年（一三七九）閏《うるう》四月、京極氏や土岐氏といった反頼之方の諸将が頼之排斥《はいせき》を求めて都に乱入する。閏四月十四日は朝は小雨が降っていたが、次第に晴れとなった。未初刻（午後一時頃）には、多くの武士が今出川辺りにある義満の邸「花御所」に馳《は》せ上っていると、都人の話題となっていた。

反頼之派の軍兵数万騎が一条通りを西に進み、その後、万里小路通を北行し、今出川にある義満邸を「囲繞」（包囲）したというのである。いわゆる「御所巻《ごしょまき》」、諸大名の軍勢が将軍の御所を包囲し、幕政に対して要求や異議申し立てを行ったのだ。その時、邸には義満・満詮兄弟がいたという。酉刻（午後六時頃）には、南方に火の手が上がる。細川頼之の邸に火が放たれたのだ。そして、頼之は三百余騎でもって「没落」（都から退去）する。これは、義満が使者を頼之のもとに遣わし退去を促したものだと言われる。

以上の記述は、南北朝時代の公卿・三条公忠《さんじょうきんただ》の日記『後愚昧記《ごぐまいき》』（康暦元年閏四月十四日条）に拠る。同書に拠ると、今回の騒乱は、佐々木大膳大夫《だいぜんのだいぶ》高秀・土岐伊予入道（直氏）

ら「一揆衆」の所行だという。義満が同意した上での行動なのか、諸大名が義満邸を包囲した上で頼之追討を迫ったものなのかは分明ではないが、同書は多分、義満同意の上での行動だとしている。

これがいわゆる「康暦の政変」である。

康暦の政変を記録した史料には、他には『愚管記』（公卿・近衛道嗣の日記）がある。その閏四月十四日条には、朝、義満は「花亭」（花御所）に向かい、武将や勇士を招集していたとある。細川頼之が下国することについては、既に内々に義満から命令があったという。諸大名も異議はなく、酉刻、頼之は兄弟・親類らと共に「没落」する。頼之の兄弟・郎従《ろうじゅう》らは自らの宿所四・五ヶ所に放火し、都から去ったと書かれている。「打手」（討手）は派遣されなかった。去年（一三七八年）の春頃より、頼之と諸大名との間に確執が見られ、義満一人が頼之を「贔屓《ひいき》」している状態であったが、問題は解決せず、ついに今回の事態に至ったと『愚管記』は記す。

康暦の政変という同じ出来事を記録した二つの日記を見てきたが、差異があることが分かろう。

『後愚昧記』は、反頼之派の武将に邸を取り巻かれた義満が、頼之排斥を迫られて、頼之に退去を促すという流れになっている。一方、『愚管記』は、義満が予《あらかじ》め頼之に退去を命じ、頼之はそれに従ったという構成である。どちらが正しいか確定できないものの『後愚昧記』の記述の方が信憑《しんぴょう》性があるとされている。いずれにしても、約十一年の長きにわたり将軍代行として、幕政を主導してきた細川頼之は讃岐へと去った。

新管領・斯波義将と義満

康暦元年（一三七九）閏四月十四日の康暦の政変により、長年管領を務めた細川頼之は都を去り、代わって新管領に任命されたのは斯波義将であった。義将は観応《かんのう》元年（一三五〇）の生まれと考えられるので、管領就任時は三十歳だった。義満より八歳年上である。義満と二十九歳年上の頼之の関係が親子関係のようであったことを思えば、義将は義満にとって年の離れた兄といったところか。

斯波義将と細川頼之は康暦の政変の前から犬猿の仲であった。永和三年（一三七七）六月、義将の領国である越中国において、守護代・斯波義種《よしたね》と国人との合戦が勃発する。敗れた越中国人らは同国新川郡の太田荘に逃れるが、そこは細川頼之の所領であった。

しかし、斯波氏の軍勢は太田荘にも乱入し、敵勢を討ち荘内を焼き討ちまでしたのである。当然、頼之は怒り、越中国に攻め込もうとする。この事件では諸大名も双方に分かれて対立したので「天下の重事」や「天下の珍事」と噂される（『後愚昧記』七月十三日条、八月八日条）。騒乱状態になるかと思われたが、この時は大事にならずに済んだ。とは言え、痼《しこ》りは残っていたはずであり、それが康暦元年閏四月に至り爆発したと言えようか。

康暦の政変後に話を戻すと、兄弟・親類と共に四国に落ちた頼之への追討令が康暦元年九月に発せられている。例えば、義満の花押が据えられた康暦元年九月五日付の文書（伊予国の河野通直宛て）に拠ると「武蔵入道常久《じょうきゅう》」（頼之）の「叛逆」が露見したので、伊予国の軍勢を率いて「退治」せよと河野通直に命じられている。通直は頼之軍と戦い、その年の十一月に戦死する。一三七八年八月に既に右大将に任命されていた義満は、康暦の政変により頼之の羈絆《きはん》から脱却することになった。

これまで繰り返し見てきたように、頼之は諸大名と対立し、幕政は混乱していた。頼之が管領のままでは混乱状態が続くことになるとして、義満は管領交代を視野に入れていた可能性もあろう。将軍代行ともいうべき頼之がいつまでも幕政の中心にいることは、成長した義満にとっては好ましいことではなかったとも思われる。義満が幕府の最高実力者になるためには、頼之追放が必要であったと言えよう。

新管領となった斯波義将は、将軍・義満を上回る権力を有した訳ではない。あくまで義満を補佐する立場であった。後に「当世武門の重人」と称えられた義将であるが、大守護ではなく、分国も少ないこともあり、権力基盤は脆弱だった。よって、義将は義満に扈従《こじゅう》した管領と言われている。

前管領・細川頼之は、対立した比叡山衆徒からも「廉潔《れんけつ》の誉《ほまれ》有り」と称賛されたことがあったが、一方の義将は公家・一条経嗣《つねつぐ》から「優美を以て先と為す」(一条経嗣の日記『荒暦《こうりゃく》』応永三年八月一日条)と評された文化人でもあった。経嗣は義将に『源氏物語』や『狭衣《さごろも》物語』を贈呈しているが、そのことも義将の嗜好《しこう》を表していると言えよう。それもあって経嗣は義将に感じ入っているのである。

義将は「脆弱なる管領」で「義満への扈従と奉仕」の側面が指摘されることがあるが、唯々諾々《いいだくだく》としていた訳ではない。

例えば、永徳元年(一三八一)、管領辞退を表明することもあった。辞職表明を受けて、義満は義将のもとを訪れ、種々「問答」したという(九月十六日)。義満が赤心《せきしん》でもって義将を説得したことが功を奏し、義将は辞職を撤回する。

では、義将はなぜ管領を辞職しようとしたのか。それは、義満が康暦の政変で没落した細川頼之やその一族（頼之の弟・頼元）復権を目論んでいたことが理由であった。

同年六月五日には、頼元の邸で義満を招待しての酒宴が催されていたが、そこには斯波義将や山名時義《ときよし》の姿があった。細川氏と斯波氏の関係を考えれば、義将は不参加となりそうであるが、実際はそうではなかった。これは、義将と細川頼元との関係が破局的なものでなかったことを示していようし、酒宴の席で両者を接近させようとする義満の意図も働いていたかもしれない。酒宴は「快然」（心地よい）なものであったという。斯波義将は、明徳の乱が勃発する明徳二年（一三九一）の三月まで管領を続投する。

義満と公家社会

足利義満が造営を進めていた室町第は、永徳元年（一三八一）には完成し、同年三月には後円融天皇が行幸された。行幸の際、義満が庭上に下りて舞踏すると、公家衆「家礼の人々十五六人」が皆、庭上に下りて蹲踞《そんきょ》したとされる。これは、公家衆の一部が義満に臣従していたことを示していよう。義満は廷臣（朝廷に仕える公家）に対して高圧的に振る舞うようになる。

同年六月、義満は内大臣に就任するが、それに関連して「大饗《だいきょう》」という廷臣を招いての宴会が催行された。そのとき宴会に遅刻した二条《にじょう》為遠《ためとお》を義満が追い返す、という出来事があった。

二条為遠の先祖は『新古今和歌集』の撰者（編集責任者）で歌人として著名な藤原定家《ていか》で、為遠は一三七五年、義満の推薦で勅撰《ちょくせん》和歌集『新後拾遺和歌集』の撰者となっていた。しかし為遠の大酒の気質もあってなかなか完成せず、それを義満は「不快」に感じていたようである。そうした経緯があっての大饗への遅刻である。為遠は義満に追い返され、同年八月、病没してしまう。為遠はそれまでにも遅刻を繰り返していたが、大饗への参列と行列扈従という義満の命令に背《そむ》いたことが致命的だった。朝廷では大目に見られていたことが、義満の時代には通用しなくなっていたのである。

義満は遅刻に厳しく、永徳元年（一三八一）冬の早朝に催行された将軍家の先祖供養仏事（等持寺八講《とうじじはっこう》）に遅刻した僧侶や廷臣も追い返している。関白・二条良基《よしもと》の子息の一条経嗣は、早朝より行われる仏事のため、払暁《ふつぎょう》から出勤する公卿・殿上人《てんじょうびと》がいることを記し、彼らが「薄氷《はくひょう》を履《ふ》む」戦々恐々とした状態だと述べている。そして、そのような事態を「嗚《お》呼《こ》の時」（馬鹿な時代）と冷ややかに見ていた。仏事には殿上人二十人余が参列したが、彼らに大した仕事はなく、ただ佇《たたず》んでいるのみだったという。それでも彼らは退出することはなかった。理由は「主公」（義満）の「厳命」を恐れたからである。

義満は内大臣であったが、足利家の先祖供養のために公卿を動員できる権限などない。それでも義満が強行したのは、公卿たちをできる限り動員し、自らの権勢を誇示する目的があったのだろう。

永徳二年（一三八二）正月、内大臣から左大臣に転じた義満は寺院の建立を計画する。こうして室町第の東隣に建立されたのが、禅宗寺院の相国寺《しょうこくじ》であった。ちなみに「相国」とは「国を相《み》る」との意であり、かつまた「太政大臣《だいじょうだいじん》」の別名でもある。国政を統轄せんとする義満の野心が感じられる。

後円融天皇との軋轢

鎌倉幕府の三代将軍・源実朝《みなもとのさねとも》以来、久方振りに武家でありながら大臣となった足利義満。任大臣の大饗は盛儀であり、大臣・納言・参議ら廷臣が参加した。普段、朝儀や政務に余り出席しない廷臣らが、義満主催の大饗にはほぼ出席した。武家の義満が廷臣をも支配する事態を時の後円融天皇も苦々しく眺めていたことであろう。京都の土地の支給は天皇の専権事項であったが、それを義満に懇願《こんがん》する公卿まで登場した。元内大臣の三条公忠である。

公忠は荘園が押領されて苦しいので、京都の土地（四条坊門町以東地一町）を獲得したいと義満に仲介を懇願したのだ。義満は「京都の地のこと、公家御計なり」と要求を受け入れない意向を示していたが、懇願に根負けし、将軍が朝廷に政治的要請を行う「武家執奏《しっそう》」により、朝廷に公忠の要求を伝達した（一三八一年八月）。これに対し朝廷は、京都の土地は公家が沙汰するところであるのに、武家執奏を通して、土地取得を申し入れるのは「奇怪之至」と反発した。後円融天皇は立腹していたという。公忠が望む土地は他の者に与えるとされ、公忠の希望は潰《つい》えるかに見えた。ところが八月二十四日、天皇は一転して公忠の要求を叶える綸旨《りんじ》を発給する。その代わり、公忠の娘で後宮に入り、後円融天皇の子（幹《もと》仁《ひと》親王、後の後小松《ごこまつ》天皇）を産んでいた厳子《たかこ》を追放するとしたのだ。

公忠は焦《あせ》り、厳子の追放を思い止まるよう懇願した。すると、天皇は「土地を所望しないことを義満に伝えよ。そうでなければ、武家執奏の要請を容《い》れないことが朝廷の咎《とが》になってしまう。辞退すれば別の土地を与えよう」と迫るのであった。武家執奏の要求を拒否することが「公家御咎」になるとは、武家執奏の影響力の大きさが窺《うかが》えると共に、足利義満の権力増大を知ることができる。やがて公忠には別の土地を与えるとの綸旨が届けられた（九月三日）。公忠は安心したであろうが、十一月十七日、天皇は「京都の土地を現在の領有者から没収し、本来の持ち主に返す。ただし、二条良基と三条公忠の土地は、武家執奏なので除外する」との意向を表明する。

しかも天皇は「先日与えた土地を辞退せよ。さもなくば厳子を咎める」と公忠に伝達し、公忠はこれに従うのである。武家執奏を通して自らの願望を達成しようとした公忠への意趣返しであった。

武家の要求を拒否した際、どのような目に遭うか、天皇はその同じ年（一三八一年）に思い知ることになる。右近衛府の右近庁頭という下級管理職にあった大石範弘は、後円融天皇の怒りを買い、代わりの者を任命することになった。義満は中原職富を後任に執奏するが、天皇は不満であったのか、即諾しなかった。

これに義満が怒った。義満の激怒に慌てた後円融天皇は、後任人事を許可する綸旨を出すも、義満は綸旨を突き返してしまう。そればかりか、右大将辞職を申し出るのである。摂政・関白を務めた二条良基の仲介と、天皇と義満の終夜の会談により、義満はようやく右大将辞表を撤回する。天皇は、廷臣を従える義満が右大将を辞職し、孤立してしまうことを恐れたのである。

皇位継承と義満

後円融天皇は皇子・幹仁親王に譲位することを望んでいたが、譲位に関しても足利義満の支持が必要であった。天皇は皇位継承について何度か義満に諮問《しもん》を繰り返している。天皇としては、幹仁親王への譲位について義満が全面的に賛同し、かつそれを公言してほしかったのである。

義満は幹仁親王への譲位に賛意を示しながらも、最終決定は天皇が行うよう進言した。次期天皇を義満が推薦することによる世論の反発などのリスクを危惧したのであった。

そして、永徳二年（一三八二）四月十一日、後円融天皇が譲位し、幹仁親王が践祚《せんそ》した。後小松天皇の誕生である。幕府（義満）は譲位に伴う費用は負担し、諸儀の沙汰も行った。後円融は上皇となり、院政を布《し》く。

皇位についた天皇は即位式を行うが、即位式の準備過程においても後円融院と義満の確執が生じる。即位式の準備について、義満が院に促した際、院からの「御返答」はなかった。この院の振る舞いに、義満は「腹立」（立腹）したという。義満は摂政・二条良基の協力を得つつ、即位式（十二月二十八日）を執り行う。後小松天皇はわずか六歳で年少ということもあり、式においては義満の介助を受けた。天皇の後見が義満であることは一目瞭然であった。後円融院は、即位式を欠席した。これは前代未聞のことであった。

十二月二十九日、幕府は院に馬を献上し、元日の行事の費用を進上したが、院は「御違例」（病気）と称して、それらを全て突き返した。その際、院は「生きていても仕方がない」と仰《おっしゃ》ったという。後円融院の精神が不安定になっていることが見て取れよう。しかし、義満は院の言動を聞いても「驚動」しなかったとされる。院による正月の儀式は「一切停止」された。院中は格子《こうし》を下ろし、閉門した状態であり離宮のようだったという。院政がこのような始まり方をしたのは、前例のないことと評された。

義満の密通疑惑と後円融院の暴行事件

永徳三年（一三八三）正月二十九日、院は亡き父・後光厳院の仏事を催行するも、公卿・僧侶らは列参しなかった。義満の威を恐れたのである。院の義満に対する怒りは沸点に達し、正気を失わせ、二月一日夜、ついに一大事件が起こる。すぐに参上しなかった上臈《じょうろうの》局《つぼね》・厳子（後小松天皇の生母。三条公忠の娘）に怒り、院は局に乱入し、刀の峰で散々に打ち据《す》えたのである。厳子は大量出血し、気を失うほどであった。院の母である崇賢門院《すうけんもんいん》は我が子のもとを訪れ、酒でもてなす間に厳子を実家に避難させた。さすがの義満もこの事件には驚愕し、医師を派遣させた。

事件後、後円融院は、寵愛《ちょうあい》していた女官・按察局《あぜちのつぼね》（橘知繁の娘）を出家させ、追放している（二月十一日）。やがて義満が院を流刑に処すとの噂が入ると、院は「切腹する」と口走ることもあった（二月十五日）。三月一日には、義満は院に対し「按察局とは密通していない」との誓文《せいもん》を提出している。よって、院は按察局と義満とが男女の仲にあると疑っていたのだと推測される。三条厳子を打ち据えた背景にも、院が厳子と義満との関係を疑っていたことがあると言われている。

翌日、院は実母・崇賢門院の邸に移る。これは、義満の提案であった。「聖運の至極なり」（天皇・皇室の命運が尽きる）と公卿・一条経嗣を絶句させた一大事件であったが、義満の適切な処置もあり、無事に収束する。後円融院は、当時、義満と同年の二十六歳。その後、上皇として権力を持つことなく、明徳四年（一三九三）に三十六歳で崩御することになる。

義満の諸国遊覧

朝廷をも主導する実力者となった足利義満であるが、有力諸大名を完全に承服させていた訳ではなかった。例えば、土岐頼康（美濃・尾張・伊勢国守護）は細川頼之と対立し、独断で美濃国に下向したこともあったし、その甥の土岐詮直の軍兵は頼之罷免《ひめん》を要求し、室町第を包囲したこともあった。康暦二年（一三八〇）正月、頼康は上洛するが、義満はそれを喜ばなかったという。しかしそれでも義満は土岐邸を訪問し、融和に努めた（五月二十七日）。

嘉慶二年（一三八八）頃より、義満は諸国遊覧を行った。同年春、義満は高野山に参詣《さんけい》し、紀州を遊覧している。紀伊国には南朝方の軍兵が多く、もし、遊覧の際に彼らが蜂起すれば、義満は自ら征伐するつもりであったという。その年の秋には、義満は駿河《するが》国に下向し、富士山を遊覧している。

翌年（一三八九）三月、義満は重臣を引率し、安芸《あき》国の厳島《いつくしま》社に参詣した。義満は九州にまで赴く意向であったが、大風のため長門《ながと》国で足止めされ断念している。康応《こうおう》二年（一三九〇）九月には、義満は北国に進発し、越前国気比《けひ》社に参詣する。東は駿河国、西は長門国、北は越前国と広範囲の遊覧を毎年のように行っていることが分かる。駿河国への下向は、鎌倉公方（第二代）・足利氏満への示威であったとも言われている。氏満は康暦の政変に際し、義満打倒を画したこともあり、警戒されていたのであろう。駿河への途次には土岐氏の分国もあり、土岐氏への示威も含まれていたとされる。

西国下向の際には讃岐国の宇多津《うたづ》に立ち寄り、元管領の細川頼之と会談している（帰途に再会談）。明徳二年（一三九一）、頼之は上洛し、政界に復帰するが、その伏線として本会談は注目されるところである。安芸厳島への途次には、山名氏の領する備後国も存在した。当時、守護・山名時義は重病であり、その子・時熙《ときひろ》が義満を出迎えている。明徳の乱の序章とも言える事件が勃発するのは、義満の安芸遊覧の一年後、一三九〇年のことであった。

第二章

「六分の一殿」山名一族の強勢

鎌倉時代の山名氏

前章では、明徳の乱以前の三代将軍・足利義満の性質や動向について詳述してきた。本章においては、明徳の乱で義満と対決することになる山名一族を取り上げてみたい。

山名氏は、清和《せいわ》源氏・新田《にった》氏の庶流《しょりゅう》であった。新田氏は源義家《よしいえ》の孫・義重《よししげ》を始祖とする。義重の子の一人に義範《よしのり》がいるが、義範は上野国《こうずけのくに》多胡《たご》郡（群馬県高崎市）山名郷を本拠とした。義範の妻は足利（矢田）義清の娘であった。義範は新田氏ではあったが、この婚姻により、足利氏の一族とも見做《みな》されていたという。

義範の父・義重は、源義家の嫡孫であるという意識や、平宗盛《たいらのむねもり》の家人であったこともあって、源頼朝が挙兵した際（一一八〇年）にはそれに加勢しなかった。鎌倉時代後期に編纂された歴史書『吾妻鏡《あずまかがみ》』によれば、頼朝が書状を出しても返報せず、上野国寺尾城（高崎市）に籠り、軍兵を募っていたとされる。

一方、義範は父・義重とは行動を共にせず頼朝に従い、鎌倉にあった（『吾妻鏡』治承《じしょう》四年十二月十二日条）。これは足利氏との関係を重視したからとも言われている。足利義兼《よしかね》が早い段階で頼朝に従っていたためだ。その後、義範は源範頼《のりより》や源義経（いずれも頼朝の異母弟）に従い、平家追討のため西国を転戦し、文治《ぶんじ》元年（一一八五）には伊豆守に任命される

（『吾妻鏡』文治元年八月二十九日条）。この時、足利義兼は上総介《かずさのすけ》に任じられている。文治五年（一一八九）七月、義範は頼朝による奥州藤原氏攻めに従軍し、建久《けんきゅう》元年（一一九〇）と建久六年（一一九五）には、頼朝の上洛に供奉《ぐぶ》している。義範は、上野国の御家人として、頼朝に重用されたのであった。

鎌倉時代、山名氏は重村《しげむら》系山名氏・朝家《ともいえ》系山名氏・重家《しげいえ》系山名氏という三つの系統に分かれているが、いずれも元をたどると義範に行き着く。

さて、義範の子は重国《しげくに》である。重国の子は重村で、山名郷を本拠にして活動していたと推測されるものの、動向の詳細は不明である。重村の子孫が重村系山名氏である。

重国にはもう一人、朝家という子があり、その系統には鎌倉幕府の引付衆（訴訟の審理を担当した法曹官僚）であった山名行直・俊行がいる。ところが、俊行は正安《しょうあん》三年（一三〇一）、謀反《むほん》の疑いにより捕縛・殺害される。朝家系の山名氏はこれにより没落した。

また重国には弟・重家がおり、その系統は六波羅探題の奉行人を輩出する。重家系の山名氏は西国に所領を有していたが、西国における活動は限定的であった。鎌倉時代において、山名郷を本拠としていた重村系山名氏が幕府の御家人として存続し、のち西国に本格的に進出することになる。

中興の祖・山名時氏の言葉

山名重村の四代孫が、南北朝時代に山名氏の勢力を飛躍的に拡大させた山名時氏である。時氏は嘉元《かげん》元年（一三〇三）、政氏《まさうじ》の子として誕生するが、南北朝内乱により活躍する以前の時氏については不明な点が多い。

室町幕府の九州探題を務めた今川貞世《いまがわさだよ》（了俊《りょうしゅん》）の著作に『難太平記《なんたいへいき》』（一四〇二年成立）があるが、その冒頭付近に時氏の言葉が記録されている。それに拠ると、山名氏は「元弘《げんこう》以往はただ民百姓のごとくにて、上野の山名といふ所より出侍りしかば」という状態であったという。山名氏は鎌倉幕府成立以来の御家人であるので「民百姓のごとく」という表現は誇張を含んでいると思われるが、逼塞《ひっそく》していた山名氏の状況を窺うことができる。足利将軍家の取り立てにより、山名氏が繁栄したことが強調される言葉ではある。

時氏は、元弘（一三三一～一三三四）以前の山名氏は「民百姓のごとく」暮らし、「渡世のかなしさも、身の程も知にき、又は軍《いくさ》の難儀をも思ひしりにき」有様であったが、建武（一三三四～一三三六）以降は「當御代の御かげにて、人」となることができたと述懐していたという。ところが、時氏は同書に拠ると「我子孫は疑ひなく朝敵に成ぬべし」と語っていたとされる。その理由は、子供の代ともなれば、君の御恩も親の恩も知らず、自分のことのみを主張し、過分な振る舞いをするようになるからだという。

『難太平記』は明徳の乱以降に成立した書物であり、収録された時氏の言葉も後付けの感があるが、同書は「案の如く（筆者註＝時氏の子孫は）御敵に成しかば」と記すのであった。ちなみに同書は、時氏を文盲《もんもう》ではあるが、世の有様をよく理解していた人として称賛している。

鎌倉末の動乱と山名氏

鎌倉時代の末、後醍醐《ごだいご》天皇は鎌倉幕府の打倒を図るも、正中《しょうちゅう》の変（一三二四年）・元弘の変（一三三一年）ともに失敗し、隠岐《おき》に配流された。元弘三年（一三三三）、鎌倉幕府の軍勢は、後醍醐方の楠木正成が立て籠る河内国赤坂城などを攻撃するが、その際の幕府軍編成などを記したのが、東福寺の僧良覚《りょうかく》が記した『楠木合戦注文《くすのきかっせんちゅうもん》』である。そこに、幕府方の軍勢「大番衆　紀伊手」の中に「山名伊豆入道跡」の記述が見える。この「山名伊豆入道跡」こそ、山名時氏だと比定されている。時氏は鎌倉幕府軍に属し、後醍醐天皇方の武将を攻撃していたのであった。

その山名氏に転機が訪れるのが、総領家である新田義貞《よしさだ》の幕府への挙兵である（一三三三年五月)。

当初は義貞も幕府軍に属して楠木討伐に参加していたが、『太平記』に拠ると、仮病により本拠の上野国新田荘に帰還する。幕府からの徴税に反発した義貞は、ついに挙兵するのであった。幕府方を破りつつ、鎌倉に進撃する新田軍。義貞軍には越後国の一族や、上野国の一族(里見・鳥山・田中)が加わるが、その中には山名氏もいたと思われる。挙兵直後に馳せ集まった諸将に「山名」の名はないが、新田軍が鎌倉を攻撃する際には「山名」が登場しているからである(「鎌倉中合戦の事」『太平記』)。また南北朝時代の歴史書『梅松論《ばいしょうろん》』にも、義貞挙兵の場面があるが「義貞一流の氏族皆打立けり」として「山名・里見・堀口・大館・岩松・桃井、みな一人当千に非ずといふ事なし」と記されている。ただ両書には、この時に山名時氏の名や、山名氏の奮戦などが記されている訳ではない。山名氏が新田軍に属して、鎌倉攻めに加わったことが分かる程度である。

元弘三年(一三三三)五月、鎌倉幕府はついに滅亡し、ほどなくして後醍醐天皇による「建武政権」が成立する。建武政権下における山名氏の動向は掴むことができないが、建武二年(一三三五)に足利尊氏が建武政権に叛旗を翻《ひるがえ》した時には、新田方として行動する山名氏を確認することができる。同年七月、鎌倉幕府十四代執権・北条高時《ほうじょうたかとき》の遺児・時行《ときゆき》が信濃国で挙兵して鎌倉に攻め入り、同所を守護する足利直義《ただよし》（尊氏弟）を敗走させた（中先《なかせん》代《だい》の乱）。直義敗北の報を受けた兄・尊氏は東下し、時行の反乱を鎮圧し、鎌倉に留まる。後醍醐天皇は尊氏に上洛命令を出すが応じなかったため、新田義貞に尊氏追討を命じる。尊氏は高師直《こうのもろなお》・師泰《もろやす》兄弟などをして新田軍の進撃を食い止めようとするも、三河国矢作で敗退する。この時、新田軍の中に「堀口、桃井、山名、里見が勢」（『太平記』）と山名氏の軍勢が確認できるのである。

義貞は勝ちに乗り、箱根・竹下で尊氏と戦うも敗退し、帰京する。撤退の際にも「山名、里見の人々」（前掲書）がいたとされる。尊氏は軍勢を都に進め、建武三年（一三三六）正月に入京した。これを迎え撃つべく、新田義貞は淀の大渡を固めるが、この時も「里見、鳥山、山名、桃井（以下略）」（『太平記』）らの諸氏が新田軍に属している。義貞は北畠顕《きたばたけあき》家《いえ》などの援助を得て、尊氏を九州に追い落とすことに成功した。だが、尊氏は九州にて勢力を挽回《ばんかい》し、東上して湊川《みなとがわ》の戦い（一三三六年五月）で楠木正成や義貞の軍を破るのである。後醍醐天皇は一時、尊氏と和解することになるが、この時、義貞は恒良《つねよし》親王を奉じて越前国に下った。

義貞の北国落ちには「里見大膳亮義益」「鳥山修理亮義俊」「桃井駿河守義繁」らに交じ

り「山名兵庫助忠家」が同行している。山名忠家は、山名政氏・時氏父子の系統とは異なる山名氏であると考えられる。忠家のように総領家の新田氏に従い行動する者もいれば、そうではない者もいた。『参考太平記』（江戸時代中期に成立した太平記の校訂・注釈本）の竹下合戦の場面では、足利尊氏方に属し、新田軍と奮戦する山名政氏・時氏父子の姿が描かれている。鎌倉末期の動乱の過程で、山名氏は新田方に属する者、足利方に加勢する者に分裂していたのである。

守護・山名時氏の分国支配

山名時氏は足利尊氏と近い関係にあり、北条時行討伐の頃より、尊氏に従っていたという（尊氏の母と時氏は従兄弟であったとの説もある）。建武三年（一三三六）六月の足利方と後醍醐天皇方との京都における合戦では、足利方の「大将軍」として時氏は活動している。こうした活動が認められたからであろう、時氏は足利幕府の侍所頭人に任じられている。『園太暦』康永四年（一三四五）八月二十九日条には、天龍寺供養の行列についての記述があるが、そこに「先侍所山名伊豆前司先行、時氏以下帯甲冑」と時氏の名が見える。

足利方の武将として活躍していく過程では犠牲も伴った。貞和三年（一三四七）十一月、南朝方の楠木正行（正成嫡男）と合戦した足利方の細川顕氏は劣勢となり引き退いていた。そこで時氏が援軍として河内国に遣わされる。時氏は力を尽くして正行の軍勢と戦うも、「舎弟」三人が討ち死にしている。また、時氏父子もこの時、負傷し退却した（『園太暦』貞和三年十一月二十七日）。

さて、山名時氏が最初に守護に任じられたのは、伯耆国（鳥取県）であった。これは、建武四年（一三三七）のことと考えられている。山名氏による伯耆国支配は、被官の小林氏を通して行われた。小林氏は上野国緑野郡小林を出自とする武士である。小林は山名郷に近接しており、両者は鎌倉時代には上野国において主従関係を形成していたと推測される。時氏は小林国範を伯耆国守護代としている。国範は、伯耆国の汗入郡国延保を押領したとして、京都醍醐の寺院・三宝院から訴えられることも

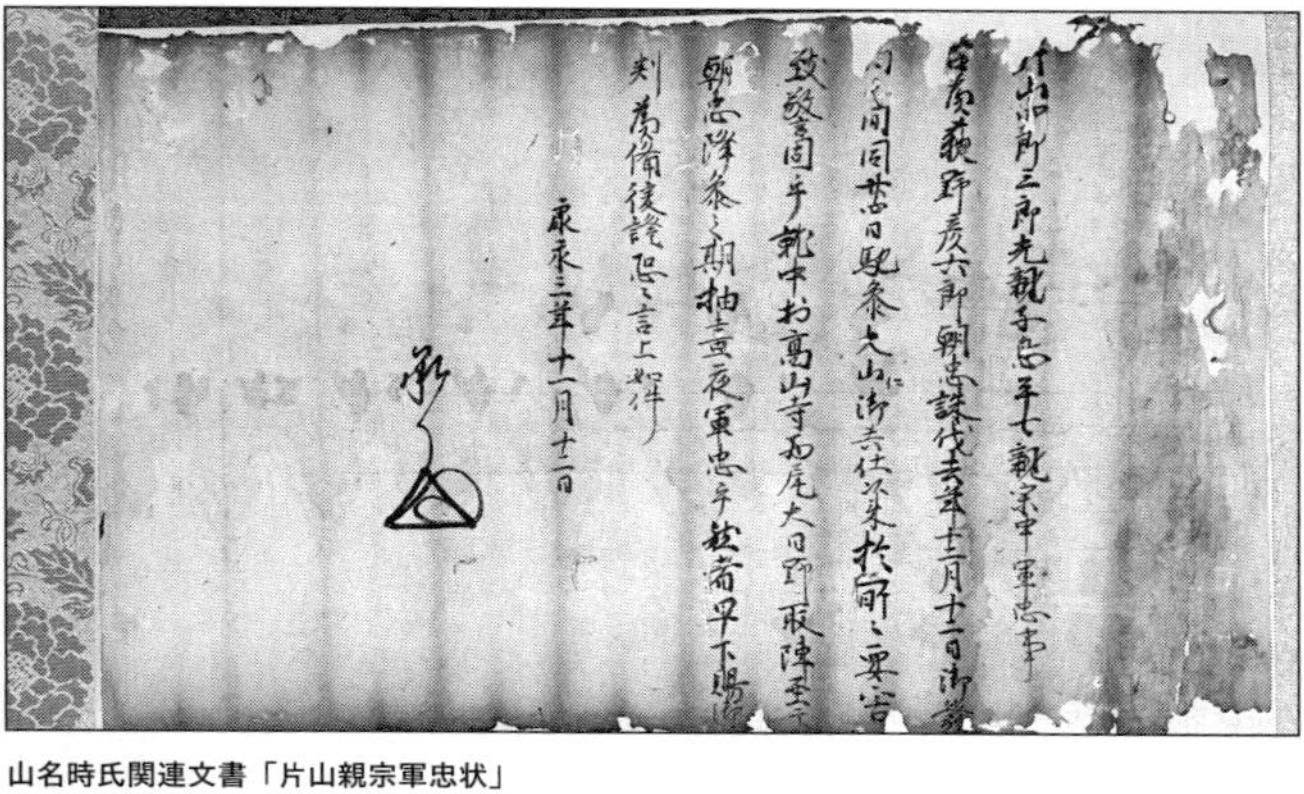
康永三年十一月十二日

山名時氏関連文書「片山親宗軍忠状」
本文書は康永三年（1344）十一月十二日付の「片山親宗軍忠状」（筆者所蔵）である。康永二年（1343）十一月、丹波守護代であった荻野朝忠は突如、足利尊氏に叛く。同年十二月、幕府は山名時氏を丹波守護に任じ、朝忠討伐を命じる。本文書は朝忠討伐のため、山名氏に従い、各所を転戦した丹波国の国人・片山親宗の軍忠状である。文書の奥（左側）には、親宗の軍忠や要望を「承了」（うけたまわりおわんぬ）とする文言と、山名時氏の花押が据えられている。

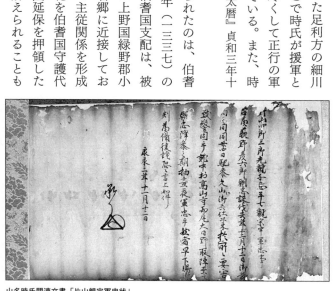

あった。

小林国範の活動範囲は伯耆のみにとどまらなかった。丹後国（京都府北部）熊野郡河上本荘に関わる遵行について文書（請文）を発給しているのである（一三四三年五月）。これは国範が丹後国守護代に就任していた証と見られる。

また、康永二年（一三四三）、山名時氏は丹波国守護に補任されるが、同国の守護代に任命されたのが「小林左京亮」国範であった（『祇園執行日記』康永二年十二月十一日条）。このことから、時氏は新守護として任命された国（伯耆・丹後・丹波）において、小林氏を守護代として入部させ、その支配を行っていたと分かる。

時氏は、南朝方が優勢な国や政情不安定な国の守護に任命されている。伯耆国は南朝方の名和長年の本拠であったし、丹波国は国人・荻野朝忠の謀反が疑われるなど不安定化していた。このような政情不安定な国々において、その国々の国人を被官として編成するのは、山名氏にとって困難であったのだろう。よって、鎌倉期から被官となっていた小林氏を守護代として、分国支配を展開したのである。

観応の擾乱と山名氏

暦応四年（一三四一）三月、塩冶高貞《えんやたかさだ》（出雲《いずも》国・隠岐国守護）が突如、都より逐電《ちくでん》した。高貞は謀反を企てたとして幕府より追討令が発せられ、山名時氏や桃井直常が討伐を担うことになった。追討を受けて進退極まった高貞は、播磨国影山（現在の兵庫県姫路市）で自害する。

高貞追討の功績により、時氏は出雲国・隠岐国守護に任じられた。そして、貞和四年（一三四八）、時氏は若狭国守護にも任命される。同国には遠敷郡税所今富名があり、そこは守護領となった。今富名の中には、西日本海水運の要衝・小浜津があり、山名氏にとって重要な所領の一つとなる。時氏は出雲守護職在任の際、これまた西日本海水運の要衝というべき出雲国美保関を守護領としていたとされる。この二つの水運の要衝地は、山名氏にとって重要なものであった。

時氏は建武の乱以来、一貫して足利尊氏方、幕府方として活動してきたが、それが変化するのが、いわゆる「観応の擾乱《じょうらん》」（一三五〇〜一三五二）の時である。観応の擾乱は、将軍・足利尊氏と、幕政を主導していた弟・足利直義との対立により引き起こされた全国的規模の内乱だ。その対立に南朝も絡むことにより、事態は複雑さを増す。

内乱勃発直後は尊氏方に付いていた時氏であったが、観応二年（一三五一）正月十五日、京都で行われた合戦を境にして、直義側に寝返る（直義は当時、南朝と提携していた）。同年正月十五日の都における合戦は、尊氏方と、直義に呼応した桃井直常とのものであった。尊氏方は桃井との合戦に勝利したものの、なぜか離反者が続出した。時氏は離反者の中の一人であった。

時氏はなぜ尊氏を裏切り、直義方に走ったのか。康永二年（一三四三）八月、佐々木道誉が出雲守護に任じられているが、そのことへの不満が爆発したとも考えられる。同国守護職を巡り、時氏と道誉との間で対立があったからだ。観応二年二月、尊氏は道誉に若狭国税所今富名を与えているが、時氏は再び出雲守護職などを獲得せんとして、直義側に寝返ったと思われる。

直義方に利があると時氏は見たのであろうが、観応二年七月、直義は北国に下向し、没落していく。直義の北国行には時氏も同行している（『観応二年日次記』）。その後、直義は兄・尊氏の軍勢に連敗し、鎌倉にて幽閉されるも、観応三年（一三五二）二月、同地で没する。観応の擾乱はこれで収束するのであった。

時氏の幕府への帰順

時氏は、直義の死によって尊氏側に投降したわけではない。足利直冬《ただふゆ》（尊氏の庶子でありながら直義の養子となり、尊氏と対立）の下で行動した。『園太暦』（文和二年＝一三五三年五月二十九日条）には、山名時氏・師義《もろよし》父子が因幡から但馬に侵攻し、尊氏方の高師詮の城を攻めたことが記述されている。同条に拠ると、この時、山名軍は敗退し「京方」（幕府方）は万歳を唱えたとある。ところがこれは誤報であって、時氏軍は高軍に勝利していたという続報がある（同書同年五月三十日条）。

勝ちに乗じた時氏軍は、その後、但馬から丹波に進軍した。山名軍の中には「女騎」（女武者）が多く交じっていたというが、真偽の程は定かではない。足利直冬と合流し、ついに都に侵攻した時氏は、北朝から見れば「南方（南朝）大将」の一人であり、また直冬の命令により動く武将と認識されていた。この時、直冬の動きに呼応して南朝軍も都に攻め入り、高師詮を敗死させる（六月十二日）など勢いに乗る南朝軍であったが、七月には北朝軍に都を奪還される。時氏は都を去り、一説によると丹後・但馬方面へと撤退したという。

時氏は伯耆・出雲・因幡・美作《みまさか》国をも軍事的に制圧し、山陰地方における反幕府方の有力勢力となっていた。しかし、その時氏が幕府方に帰順する時が訪れる。貞治二年（一三六三）九月のことである。この頃になると直冬の勢いは減退し、南朝方の有力武将であった大内弘世も北朝（幕府）に投降し、周防・長門の守護職を与えられていた。時氏は軍事的に制圧していた国々の守護職に補任されることや、税所今富名を与えられることを条件に幕府に帰順したと考えられている。

『太平記』（巻三十九）に拠ると、山名氏は幕府への帰順を、縁故を頼り申し入れてきたという。その際に、幕府に敵対したのは将軍の御世を傾けようとしたのではなく、佐々木道誉の振る舞いに我慢ならず敵対したのだと弁明している。その上で「領知の国々」を「恩補」してくれたら、味方となり忠節を尽くすことを言上した。その願いは受け入れられ「因幡、伯耆の外、丹波、丹後、美作五ヶ国の守護職」を充て行われたことから、それを嫉む人々からは「その所領を多く持たんと思はば、御敵にこそなるべかりけれ」と皮肉の言葉が漏れたと言われる。

時氏の死と勢力拡大

幕府に帰順し、複数の守護職を与えられた山名氏は、一族でそれを分有した。丹波・伯耆国は時氏が守護となった。時氏の嫡男・師義は丹後国の守護となる。時氏次男の義理《よしただ》は美作国、三男の氏冬《うじふゆ》は因幡国の守護職を得た。観応の擾乱勃発までの山名氏は全ての守護職を時氏が保持していたが、そのことを考えれば大きな変化と言えよう。幕府に帰順した時氏は在京して活動したことから、一族で守護職を分有し、分国支配を行ったと考えられる。時氏が保持していた丹波国の支配も、氏冬に委《ゆだ》ねられることもあった。ただし、時氏は一族の分国支配に介入することもあり、惣領《そうりょう》として強い影響力を持っていたのは確かである。かつて、時氏による伯耆国支配が関東に出自を持つ被官の小林氏を通して行われたように、例えば氏冬もまた上野国緑野郡高山が出自の高山氏を守護代として、因幡国の支配を行っている。

山名氏中興の祖というべき時氏は応安四年(一三七一)二月に死去する。遺骸は丹波国船井郡氷所に葬られた。おそらく当時の山名氏の本国は丹波国であったのだろう。時氏の後継となったのは、嫡男の師義であった。師義は父・時氏が保持していた伯耆国の守護職を受け継ぐ。そして時氏死去の翌年(一三七二)十二月には但馬国の守護に任じられている。但馬の守護代としては、大芦氏が下向している。大芦氏は出雲国島根郡大芦が出自と考えられている。観応の擾乱期において、師義は出雲国の国人を支配下にして軍事行動を行っていたが、その際、主従関係となったのであろう。師義の但馬支配には、他にも出雲国を出自とする被官が関与していた。時氏や氏冬のように、関東を出自とする被官の活用は見られない。

これはなぜなのか。観応の擾乱の際、時氏は反幕府方となったが、師義は一時的にせよ、幕府方に留まっていた。前述したように関東出自の被官らは時氏のもとで活動していたことから、師義はそれとは別に出雲を出自とする国人を被官に組み込んで、分国支配を行ったのではないかと推測される。師義の独自の行動が、分国支配にも影響していたと考えられる。

時氏の後継となった師義であるが、惣領となった五年後の永和二年（一三七六）に死去した。師義の嫡男・義幸は病弱であるとして後継とならず、師義の弟である山名時義が惣領となる。時義は但馬・伯耆国の守護を継承し、康暦元年（一三七九）には備後国守護に任じられている。そして、幕府の要職・侍所頭人にも任命された時義は康応元年（一三八九）、死去した。

分国の但馬は時義の長男・時熙に、伯耆は師義の子で時義の養子である氏之《うじゆき》に、備後は師義の三男である義熙《よしひろ》に受け継がれた。ちなみに時熙の三男が応仁の乱の西軍総大将として有名な山名宗全《そうぜん》である。

短期間で惣領が交代した山名氏であるが、師義・時義期にその分国は拡大している。山名一族は、但馬・隠岐・出雲・備後・紀伊・和泉・伊勢・山城の守護にも任じられているのである。西国を中心に多くの国々の守護に任じられ、日本六十六国の六分の一に及ぶ多くの領国を有した山名氏は、後世「六分一殿」と称された。

強勢を誇っているようにも見える山名氏だが、惣領の力は時氏の時代と比べて低下していたと推定される。時氏は先述したように一族の分国支配にも介入していたが、師義・時義時代にはそれが確認できないことがその理由とされる。短期間で惣領が交代してしまったこと、山名氏清（時氏四男）のように侍所頭人を務め、丹波・和泉守護職に任じられる惣領以外の有力一族の台頭が、惣領の影響力低下に拍車をかけていたと思われる。室町幕府としては、山名氏の惣領のみならず、氏清のような一族をも幕府要職に起用することにより、惣領への権力集中を避けようとしたのであろう。死去した時義の後継（惣領）は、子の時熙となったが、惣領と一族間の力の不均衡が争乱を巻き起こしていくことになる。

ちなみに、山名氏が一族で十一国の守護職を領有したことから「六分一衆」「六分の一家衆」あるいは「六分一殿」などと称された、とは専門書のみならず、辞典類などにも記されている。しかし、その呼称の根拠となる史料を探した谷口雄太（青山学院大学文学部准教授）によると、中世史料において「六分の一殿」などと書かれたものは確認できなかったという。近世史料である『山名家譜』や『山名家譜略纂補』に、それぞれ「時氏を称して六分一殿と言ふ」「六分一殿」との記載がある程度であったとされる。それらの史料では時氏や氏清が六分一殿と称されている。さらに谷口氏によると、室町幕府の直接支配国は「四十五国」であり、当時の幕府の認識からすると、山名一族は「四分の一殿」と呼ばれる方が実態に近いのではないかと論述されている。しかし逆にその方が、幕府にとり山名氏が脅威であったことが分かろうというものである。

第三章

物語の中の「明徳の乱」

足利義満と山名氏

貞治六年（一三六七）、二代将軍・足利義詮は病のため、政務を子息・義満に譲った。義満はこの時、いまだ年少であったため、細川頼之が管領に任じられ、政務を代行することになった。このことは第一章で述べた通りである。

義満への政務譲渡と頼之の管領就任を諸大名は祝賀したが、中には「鬱憤」を抱く者もいた。『後愚昧記』に拠ると、それは「山名」（時氏）であった。時氏が頼之の管領就任に不満を抱いたため「天下之乱」が出来するのではとの巷説があったほどだ。貞治六年というと、時氏が幕府に帰順（一三六三年）してから四年が過ぎている。

頼之に不満を抱いていたのは時氏のみならず、美濃国の守護・土岐頼康も同様であった。「頼之を積極的に支持した大名は京極道誉と赤松則祐くらいのもの」（小川剛生『足利義満』二十八頁）と評されるほどであり、時氏の「鬱憤」が特異という訳ではないだろう。康暦の政変（一三七九年）によって頼之は京都政界から追放され、後任の管領には斯波義将が就任する。頼之の追放後、斯波派の大名である山名氏は、幕政の中でより重きをなすようになった。

政変の直後、山名時義は備後の守護に任命され、出雲・隠岐も同氏のものとなる。至徳二年（一三八五）には、山名氏清が山城守護に補任される。ところが永徳元年（一三八一）五月、足利義満は没落した細川頼之の復権を目論み、頼之の弟・頼元を上洛させる。当然、斯波義将はこれに反発し、山名時義も同調した。義満は時義邸を訪問しているが、それは山名氏を宥めるためであったと思われる。六月五日には、義満は細川頼元邸に出向き、そこに斯波義将・山名時義らを参集させた。細川邸におけるこの時の酒宴は「快然」（『愚管記』）と記述されているが、義将の怒りは収まらず、同年九月には管領辞退を主張するほどであった。義満が義将のもとに出向き説得したため辞職は撤回されたが、その後も義満は細川氏の復権を画策する。

明徳二年（一三九一）三月十二日、義将は管領を辞して分国の越前に下向するが、同年四月八日に新管領に就任したのが細川頼元であった。そしてその五日前には細川頼之が上洛している。義将の管領辞職は、細川氏の復権を推進する義満への抗議の意味合いが強いであろう。義満は、頼之の豊かな経験と人脈を駆使して南朝を吸収し、皇統を合一させたいと構想していたため、頼之を復帰させようとしたと推測される。この管領交代という大きな出来事が起きた年に勃発したのが、本書の主題「明徳の乱」である。

明徳の乱の顛末《てんまつ》を描いたのが、室町時代前期の軍記物語『明徳記』だ。『明徳記』の作者や成立年代については確定した見解はなく、昔から議論の対象となってきた。その議論については後に触れるとして、ここからはまず、『明徳記』が記す物語の世界へと分け入ってみたい。

以下、本章では『明徳記』（基本的には陽明文庫本＝近衛家伝来本に拠る）に拠り、明徳の乱を描く。同書の現代語訳の書物がない現状において、そして明徳の乱の一側面を知る上でもそれは意義あることであろう。

『明徳記』の始まり

『明徳記』（以下、同書と略記することあり）は、建武五年（一三三八）、足利尊氏が征夷大将軍に任じられてから、既に六十数年が経過するに及び、天下は武徳（武士の権力）に帰伏し、万民はその恩恵を受けていることを誇りにしていたとの記述から始まる。そして、兵乱が久しく絶えて、国民が無事で平穏なところに明徳の乱が勃発したと説くのである。

すなわち、明徳二年（一三九一）の年末、山名陸奥前司氏清と山名播磨守満幸《みつゆき》らが一味同心して、隠謀の企てをしたがために、不慮の乱が起こり、都鄙《とひ》（都と地方）がしばらく穏やかでなかったと言う。

同書は明徳の乱の濫觴《らんしょう》（物事の始まり）を、最終的に幕府と戦った氏清と満幸ではなく、山名時熙と山名右馬頭氏之の所為に求めている。山名（宮内少輔）時熙は山名時義（時氏五男）の長男であり、時義の死（一三八九年）の後、家督を継いでいた。一方、山名氏之は山名師義（時氏嫡男でその後継）の子であるが、叔父・時義の養子となっていた。時熙と氏之は従兄弟であり、義兄弟でもあったのだ。

同書は山名一族が「武恩」（将軍から蒙る恩義）に誇って、上意（将軍の命令）を蔑《ないがし》ろにしていたと記す。具体的に言えば、一つには山名時義が但馬に在国し、将軍の成敗にも従わず、思うがままに振る舞ったことがあると言う。足利義満は時義を征伐しようと思い立つが、時義は病に犯されて病死してしまう。

しかし、時義の後を継いだ時熙、そして氏之もまた上意に背くこと度々であった。そこで義満は時熙・氏之を退治しようと、討手を遣わす。ところが義満は思うところあって、わざと「一家の人々」、つまり同じ山名一族を追討に向かわせたのであった。

討手の一人に選ばれたのが山名氏清で、氏清は下向の際に幕府の御所に参上し、義満に次のように言上する。「一家の者共の退治は、偏に当家の衰微の基でございます。しかし、上意とあらば辞退する訳には参りません。急ぎ馳せ下り、討伐致しましょう。ただし、彼ら（時煕・氏之）も、攻められて難儀となれば、許しを乞うてくることがございましょう。その時になって赦免《しゃめん》されるのであれば、この氏清、下向以前に彼らに教訓を加えて、都に召し連れて参ります。永くお許しにならないのであるならば、一日でも急いで下向して退治してきましょうぞ」と。

氏清の言葉を聞いた義満は「彼らは上意に背くによって、退治するものである。その上は、誰かに頼って嘆願してこようとも、許容することはない」と語り、時煕と氏之を許すことはないと宣言する。義満の言を聞いた氏清はそれならばと但馬国に馳せ下り、時煕を攻め、これを平定するのであった。時煕は但馬から備後国に逃れた。『明徳記』に拠るとそのような時、細川常久（頼之）は四国から中国地方に攻め入り、備後国を「退治」して上洛し、再び管領職に就いたので、天下は悉《ことごと》く帰伏して、頼之の権勢は万人の上に立ったという。義満も「政道の事は皆、頼之に任せる」と仰《おお》せになったので「理世安民」、すなわち道理をもって世を治め、民を安んじる政治が行われたと同書は記す。

山名氏清の宇治不参

一方、討伐を受けて敗れた山名時煕と氏之は前非を悔いていた。そして、義満にこのように嘆願してきたのである。「野心など全くないところに、一族の讒言《ざんげん》により、御勘気を蒙り、出家・隠遁の身になってしまったことは、不便の次第です。優免《ゆうめん》されて、無二の奉公をしたいと存じます」と。時熙と氏之は許しを乞わんと密かに上洛し、京都の清水辺りに宿泊していた。

その頃、山名氏清は、宇治の紅葉が盛んであるとして義満を紅葉狩りに招待する。義満はそれを受け入れて、紅葉狩りは「十月十一日」と定まった。義満は紅葉狩りの際に氏清に対し、両人（時熙・氏之）の赦免の件を持ち出そうと考えていた。よって、両人の嘆願に対しては何の回答も与えていなかった。紅葉狩りの前日（十月十日）、氏清は和泉国の境を発って、淀まで向かう。そして、明日早朝に宇治へ「参入」する準備を行っていた。

その十日の夜、山名満幸が淀を訪れ、氏清と対面する。満幸は氏清の甥に当たり、満幸の妻は氏清の娘である。満幸は氏清に「明日の宇治への訪問はよくよく御思案あるべし。その訳は、時熙と氏之が将軍に許しを乞わんがため、上洛して清水辺りを徘徊していると承っているからです。将軍は明日、宇治にて両人の赦免のことを持ち出されるとのこと。しかも赦免のことは既に決まっていると言います。舅《しゅうと》殿（氏清）がそれを難儀に思っても、宇治に参ってしまえば、将軍に逆らうことは難しいでしょう。よって、俄《にわ》かな風邪ということにして、明日の宇治へのお参りを止められては」と申し入れる。

氏清は少し思案した後で「去年、下向の時に再三申し上げて、赦免はしないと申し定めたはず。きっと、彼らは上意を伺い聞いて上洛してきたに違いない。そのことについて（将軍からは）一度のお尋ねもなく、このような御沙汰に及ぶとは、我らを物の数に入れておられないからだろう。ならば宇治に参ってもどうしようもない」と満幸に語った。

そして、蓮池美濃守を遣わして「（氏清は）急な風邪によって、今日は宇治へ参ることはできません」と将軍・義満に伝達する。その対応に多くの人々は「たとえどのような急病であったとしても、ここまで参って、事の子細を申すべきものを、人を遣わしただけで参上せぬとは是非なき曲事《くせごと》かな」と「仰天の気色」で呟いたという。義満は「本人が参らぬのであれば、暫《しばら》くの逗留《とうりゅう》もせぬ」と言い、興醒めして還御した。だが折を得た秋の景色は、道すがらの慰めになった。夕暮れになり、義満は都へと戻った。

そうしたところに同年（明徳二年）十月十五日の午刻（十一時から十三時）、激しい大地震が都を襲う。路地を歩く人々は歩行もままならず、家の中にいた人々も肝魂を消すほどの揺れであった。

陰陽頭の土御門有世は御所へ馳せ参じて「今日の大地震は金翅鳥《こんじちょう》（想像上の大鳥。仏法を守護し、衆生を救うために梵天が化したものという）が動いたためです。深い慎みが必要でございます。勘文（諮問に応えて上申した文書）では、世に逆臣が出でて国務を望む。これによって七十五日以内に大兵乱が起こる。ただし、兵乱は一日で鎮圧されるというものです」と言上する。将軍・義満や諸大名・近習の人々は、勘文の内容を聞いて「何事が起こるのであろうか。兵乱が鎮定されることは吉事ではあるが。難儀の合戦は誰の身の上に降りかかるのであろう」と心ある人々は自らの罪を顧み、身を慎んだのであった。

山名満幸の横田荘押領

山名播磨守満幸は山名時氏の孫、山名師義の末子である。舎兄の山名讃岐守義幸が病気の後は、その代官として在京し、まるで家督（惣領）のように振る舞っていた。山名時熙らが退治された後は四ヶ国の守護となって、その権勢は氏族で抜きん出ていた。満幸は山名氏清の甥であると共に婿《むこ》であり、よって当家も他家も満幸に著しく媚《こ》びていた。そうしたこともあり、満幸の分国のうち出雲国（島根県）横田荘（仁多郡奥出雲町横田）は、手を出してはならぬ仙洞《せんとう》（院）の御領であったにもかかわらず、満幸は押領してしまう。

やがて数通の御教書（三位相当以上の貴人の意向を奉じた書状）や毎度の御内書（将軍家が

発給する文書）があり、横田荘の引き渡しが満幸に命じられる。ところが満幸はその要求に応ぜず、上意に背く気配が見えた。満幸の家僕らは談合し、主君に次のように再三申し上げる。「御分国は四ヶ国ございます。その一所に拘り、上意に背き、全てを失うことになっては勿体のうございます」と。

満幸は「ならば渡し申すべし。御代官を下されよ」と回答したので、仙洞の御代官として、日野中納言家の侍・斎藤太郎左衛門尉が下向することになった。斎藤は支障なく横田荘に入部したが、給人（主家から恩給としての所領を与えられた者）・村主美作守が「地下人」（土地の住民）と心を合わせて斎藤を追い出してしまう。斎藤は命からがら逃げ出して都へ帰り、ありのままを報告した。当然、将軍・義満は大いに憤り「たとえ凡人の所領であっても、下知に背くことは無礼至極。ましてや、仙洞の御領であるぞ。これまで度々、宥め脅して下知を下してきたが、このような振る舞いに及んだならば、重ねてどのような下知を出そうが、同じことであろう。所詮、守護職を改替する他に、どのような手立てがあろうか」と満幸の守護職を取り上げる決定をする。

当時、満幸は在京していたが、在京していても用はないということで、急ぎ下向して在国せよとの命令も重ねて下る。明徳二年十一月八日、満幸は丹後国に追い下された。その経緯を見ていた人々は「（満幸は）余りに上意を蔑ろにしているのではないか。その結果、面目を失った以上、その分国もどうなることか」と都鄙で嘲笑の種となった。満幸はこのことを「無念」と思っていた。そうした時、山名時熙の宥免の一件が持ち上がった。それを見た満幸は「良い機会じゃ。何よりもまず、奥州（山名氏清）と談合して、一合戦せねばならぬ」と思い立ったことは、驚き呆れることであると同書は記す。

氏清・満幸の叛意

やがて満幸は和泉国にやって来て、氏清にこのように告げた。「そもそも、最近の京都の沙汰（幕府の方針）をどのようにお思いか。ただ、折に触れて、この一家（山名一族）を滅ぼそうという企みがあるように思います。その訳は、去年、貴殿やそれがしにお命じになり、伊予守（山名時義）の一跡（家系）を滅ぼそうとされた。ところが当年は、彼ら（山名時熙と氏之）を許すとの御沙汰があった。ここからは、我らを退治しようという御企みが色に現れています。我らが一族、悉く同心して分国の軍勢を合わせて方々より参上すれば、今、在京の大名の中で誰が当家と対等に合戦するでしょうか。そのような者はおりますまい。

まずは都さえ攻め落としてしまえば、他家の一族も大方は我らに同心するはず。その他、美濃国には土岐大膳大夫（康行）・加賀国には富樫介・東国には小山の一類、近国には南朝の被官などが数知れぬほどおります。彼らは眉を開いて、真っ先に我らに味方するでしょう。此度の挙兵は御謀反と披露されますな。武州禅門（細川頼之）への恨みに寄せて合戦なされませ。今が挙兵の時にございます。戸惑うことはございません」と。満幸は夜通し、理を尽くして、義を勧めて氏清を口説いたのである。氏清には元来、天下への野心があったし、大切な娘婿である満幸の勧めでもあったので、思案に及ばず、承知したのであった。

氏清は言う。「ならば合戦は来る十二月中（内閣文庫蔵明徳記では十二月二十七日。以下、同書を『内閣』と略記）と定めよう。そなたは、西国の大軍を率いて丹波路より攻め上られよ。この氏清は紀伊国の軍勢と共に、宇治・八幡より攻め上ろう」と。そして満幸を帰したのである。『明徳記』には、後のことを思えばこれが氏清と満幸の最後の対面で、それを知らないとは虚しいことであると記されている。

氏清の詐術

さて都の幕府では、次のような決定がなされた。「それにしてもこの度の奥州（氏清）の振る舞いは、とんでもない。これを戒めなければ、今後は誰が上意に従うであろうか。そうなれば大逆の基となろう。山名時熙と氏之が身上のことを嘆願しようと上洛したのを宥免のため召し寄せたと、山名満幸が（氏清に）讒言したという。

そうであるならば、時熙・氏之の宥免が延引すれば、氏清・満幸が腹を立てているので許さぬのかと噂されるであろう。ならば氏清らは益々思い上がり、今後、命令に従わぬであろう。よって急いで両人を宥免し、本知行の国々を返付すべし」。その後「やがては、氏清を退治するべし」との内談があったが、それを伝え聞いた氏清は、「挙兵前に朝敵となってしまったら叶わぬ。暫し事を謀るための時がほしい。ここは先日の罪を謝するべし」と思ったのであろうか。「別心（謀叛心）は全くありません。御免を蒙ることができれば有難いことにございます」と再三、将軍に嘆願してきた。

氏清への返事は次のようなものであった。「不義のこと多く信用できぬ。だが、（宇治不参の件は）仮病ではないとの告文（自分の言動に偽りがないことを表明する文書。起請文）を書き進ずるならば赦そう」。

氏清は起請文を書いて進上する。氏清が素直に起請文を提出したこともあり、幕府は油断した。

ところが、同年十二月十九日の暮れ、丹後国より結城（古山）十郎満藤の代官が早馬を立てて、都にこのような注進をしてきた。「山名播磨守（満幸）は、当国の寺社本所領の京方の代官を悉く追い出しております。そればかりか、去る十七日より自国や他国の兵が大勢馳せ集まってきて、ひたすら合戦の用意をしております。近日、都へ攻め上る企ては歴然にございます。ご用心あるべし」と。

都では「本当のこととは思えぬ。どうしてそのようなことがあろうか」と注進を信じてはいなかった。そうしたところに、河内国の守護代・遊佐河内守国長からも注進があった。それは「和泉国において、山名奥州（氏清）、近日中に合戦の用意が整い、打ち立つ気配にございます。もし挙兵し、当国を通ることあらば、矢の一つでも射るべきでしょうか。また在国の者共の進退も如何致しましょう。京都も御油断あるべからず」との一日のうちに三度もの注進であった。

山名義理の同心

その頃、山名氏清は紀伊国に赴き、舎兄の山名修理大夫義理（山名時氏の次男、美作国・紀伊国守護）に挙兵を思い立ったことを告げていた。義理はその件を聞くと「上（将軍）に向けて弓を引くこと、返す返すも勿体無いことである。しかしながら、利があるならば、それも良かろう。が、千に一つも勝つことはない。そうであるのに、一命を捨てて合戦に及ぶほどの遺恨とは何事であるか。一族の者がそのような企てに及べば、我らまでも謀叛に与した者と見做されて、滅ぼされることは疑いない。挙兵のことが表に漏れる前に思い留まられよ」と強く氏清を諫《いさ》めたのである。

それに対し、氏清は重ねて口を開く。「挙兵のことは既に京都にまで漏れ聞こえていることでしょう。挙兵を止めれば、都鄙の人々の口は申すに及ばず、いよいよ、我ら一族は悪し様に言われ、次第に威勢は衰えていくことでしょう。その時になって、どのように思っても甲斐はなし。また都合の良い時には御扶持に預かり、悪くなれば見捨てられるとあっては、余りに無念」と恨みと懇願の心で、義理に同心を勧めたのだ。

義理はついに「これ以上は言うことはない。ただ一命をそなた達に進上しよう」と氏清らに加勢する決意を固める。氏清は喜んで帰って行った。山名一族、悉く同心して、近日、都に攻め上るであろうとの話があったところに、十二月二十二日の夕暮れ、因幡国の守護代・入澤河内守行氏が「(山名氏に)同心のうえは、都から下らぬ訳にはいかん」と言い、八幡に下って行った。更には、山名中務大輔氏家も「この上は仕方がない」と言い、同月二十三日の白昼、都を落ちて八幡に馳せ下った。よって京中はいよいよ騒ぎ立ち、上下の者たちは慌てふためき、資材・雑具を持ち運び、身を隠す場所を探し求めるのであった。「洛中変化の有様」は譬《たと》えようもなかったという。

義満、義理の真意を探る

山名満幸は数千騎の軍勢を率いて丹波国まで上り、氏清は雲霞《うんか》の如き大軍をもって八幡に臨み、義理は紀州・美作国の兵を合わせて天王寺へ打ち出て、京都で合戦が始まったならば、渡邊を越えて摂州から山崎へ出張るなど、山名一族は方々より都に攻め入るとの話があった。それを聞いた将軍・義満は「修理大夫（山名義理）は一家の親方である。また、毎時、穏便の沙汰を下す者でもある。よって、書状をもって事の子細を尋ねてみよう」と十二月二十四日に使者を遣わした。

義満の義理への書状には「近日、一家の輩が同意して敵となり、京都へ攻め上るという風聞が満ちている。これが事実ならば、実に稀代不思議のことである。訴えることがあるならば、幾度もその所存をこそ申すはずなのに、只今の振る舞いは納得できない。急いで、彼らが所存を尋ねて、堅く教訓せよ。もしそれに納得せず、合戦の企てに及ぶのならば、そなたの進退は一族に同心するのか。又は我が味方に参るのか。はっきりとした返事をせよ」とあった。

義理からの返事は「御書の趣き、お畏《おそ》れ多いことです。そもそも、氏清・満幸らが近日の振舞いはやむを得ないことでございます。この間も、制禁を加えましたが、既に不義が現れている今となっては、彼らが思い止まるとは思えず。力及ばぬ次第です。また、一族が上意に背いたならば、義理が一人御前に参じても、面目があるとは思えません。しかしながら、よくよく思案して、重ねてご返事を致します」というものだった。

義満は義理の返書を見て「さてもこの間まで、我が方にあって、一命を捨てると再三申していた山名氏家でさえ、あのようなことになった(敵方に参じた)。ましてや、どっち付かずの返事をする義理を信用するべきではない」と言い、それ以上、書状を遣わすことはなかった。

義満の合戦評定

十二月二十五日の夜、将軍・義満は「合戦の御評定あるべし」として、諸大名を召集した。その夜、召しに応じて馳せ参じた人々には、細川常久(頼之)・細川頼元、斯波義重、畠山基国、今川泰範・今川仲顕《なかあき》、一色詮範《いっしきあきのり》、細川満春、大内義弘、赤松義則、佐々木高詮《たかのり》、六角満高らがいた。我も我もと馳せ参じてきたのであった。義満はこれらの人々を御前に召して、合戦の評定を行ったのである。

だが、意見は区々であり「一決」しなかった。例えばこのような意見があった。「東山に陣を置けば、敵は利ありと見て、京中へと入りましょう。その時に、諸国の大軍をもって、上の手は西坂本より長坂口へ打ち出て、千本を下って攻め入るべし。下の手は、今比叡・今熊野に押し出て、九条を西へ、東寺作道に駆け出て、敵の通路を断つべし。中の手は、三条河原祇園林より打ち出で、中京に攻め入り、三方の味方が合図を定めて、激しく敵方を攻撃すれば、一戦のうちに勝つことができましょう」

また、次のような主張をする者もいた。「天下の静謐《せいひつ》こそ肝要にございます。まず、彼ら(山名一族)が憤ることがあるならば、宥められて、望みのままにその訴えを叶えられては。その後、事を他事に寄せて、一人ずつ片付けていくのも、一つの手立てではないでしょうか」

これらの意見を受けて、義満は口を開く。「これらの意見は、然るべきものではあるだろう。しかし、今度の彼らの企ては訴えのためではない。ただ、天下への野心からである。

それを兎角、宥めて繕ったら、かえってこちらが騙《だま》されてしまうであろう。一度、戦をしなければ平穏になることはない。遅い速いの違いはあれど、ただ同じこと。そうであるならば、当家の運と山名一家の運とは、天の照覧に任すしかあるまい。満幸は和泉国にて、山名一族が同心して攻め上ったならば、在京の大名の誰が対等に戦うことができようかなどと偉そうなことを言い放ったという。この言葉が憎ければ、今度、そなたたち、一合戦してみよ。我らは、一色左京大夫（詮範）の邸に行き、その後、内野・東寺に陣を置く。敵はこれを聞いて、我が軍勢は、東山・比叡の山辺に上がって要害で待機すると思うだろう。その時、大軍をもって争って、一戦のうちに天下の安否を決めようと思うが如何」と。

諸大名で義満の見解に異議を挟む者はなく「私の所存も同じです」と言うのみであった。明日（十二月二十六日）、堀川の一色邸に参集することが決まり、一同は退出する。

幕府軍の陣構えと戦略

東寺には今川泰範、赤松顕則、六角満高らの軍勢八百余騎が十二月二十六日の早朝に陣を布いた。四方の門を固め、所々に矢倉をあげ、久我縄手作道を掘り切って、攻め入らんとする敵（山名方）を待ち受けたのである。将軍・義満は二十六日の朝七時半頃に一色詮範邸にお出ましになった。家来の退治のための出陣ということで、着背長《きせなが》（鎧・具足の美称であり、大将が着用した）を着ず、烏帽子に長絹の直垂を着用し、「篠作」という太刀《たち》を佩《は》いていた。御馬廻《おんうままわり》の人々も皆々、折烏帽子で素襖《すおう》・袴《はかま》という出立ちであった。

その他の諸軍勢は、皆、物の具を着て、それぞれ打って出て、内野に陣を構えたのである。細川常久は兄弟一族が一緒になって、三千余騎（『内閣』二千余騎）にて中御門西の大宮右近の馬場から峯の堂におり降った。上梅津から攻め入ってくると聞こえる山名満幸の軍勢に対抗するため、そこに陣を取った。

赤松義則は二千余騎（『内閣』千三百余騎）でもって冷泉西大宮雀の杜に陣を置いた。これは丹波口より、山名方の小林氏の軍勢が押し寄せると聞いたからである。畠山基国の軍勢八百余騎は、神祇官の北大庭の椋の木を南に見て、土御門の末に陣を置く。敵が東口より攻め入って、一条を西に向かうことを想定してのものである。大内義弘の軍勢七百余騎（『内閣』五百余騎）は、神祇官の杜を背にして、二条大宮に陣を布いた。これは大宮を上って攻め寄せてくると聞く、山名氏清の軍勢に対するためであった。一色詮範は五百余騎（『内閣』三百余騎）にて春日猪熊に陣を取った。これは、猪熊堀川を攻め上る敵があったならば、二条辺りに馳せ向かい、食い止めるためである。

斯波義重は、七百余騎（『内閣』五百余騎）で中御門油小路に陣を置く。東方から御所近くに寄せ来る敵あらば西洞院辺りに馳せ向かい、勝負を決するためである。佐々木高詮は八百余騎（『内閣』七百余騎）で、一条大路を前に、北野の森を背にして、大嘗会畠に陣を取った。これは、山名満幸が丹波口より二手になって長坂口より攻め入ってくると聞こえたので、千本船岡山の辺りで食い止め、南へ通さないためだ。その他の御馬廻は、中御門猪熊大宮から一条辺りで陣を取った。その軍勢は五千余騎（『内閣』三千余騎）。方々の責め口で弱いところがあれば、馳せ向かい、合力する軍勢である。

彼らは兜の尾をしめて、攻め寄せて来ようとしている敵勢を待ち構えていた。幕府軍は陣を四方に広げて、敵を待ち構える。これは、内野の中をわざと広く開けているのだった。もし敵が責め口の一方を破り侵入したならば、真ん中に取り込めて、方々から討つためである。

山名方の評定と陰陽博士

一方、山名満幸は、十二月二十六日の暮れ方、丹波国篠村に到着して合戦の評定を行った。その際、大葦次郎左衛門尉宗信（小鷲次郎左衛門尉）が進み出て「我らが軍勢が丹波国に着いたということは、きっと京都にも聞こえることでしょう。しからば敵（幕府軍）は桂川を越えて、大江山の峠に馳せ上がって来て対抗するでしょう。そうなれば国境での戦となり、都へ入ることはできないかもしれません。今夜、山を越して峯の堂に陣を置き、京勢（幕府の軍勢）の動きを眼下に見下ろして、八幡の御味方（山名氏清）と共に合戦するべきでは」と満幸に進言する。

満幸は「このこと、他の方法はない」と宗信の意見に賛同し、同月二十六日の宵《よい》から、山を越えて峯の堂に陣を置いた。その数、一千七百余騎（『内閣』一千余騎）。三引両（山名氏の家紋）の旗三流が桂川の河風、松尾山の嵐にたなびいていたという。内野（幕府方）の陣と峯の堂の陣とは三里に足りない距離であり、両軍はお互いを見つつ対峙した。

合戦は十二月二十七日と決まってはいたが、紀伊国の軍勢がなかなか揃わなかった。軍勢が揃わなければ、戦端を開くことが躊躇《ためら》われたので、合戦を延引し、正月二日にしようということになった。ところが、峯の堂や八幡の兵数が、夜毎に減っていくとの報せが、山名氏清に入ってくる。氏清は「こうなっては、如何しよう。年内か明春か、いずれの合戦に利があろうか」と言うと、引き連れて来た陰陽博士に占いをさせるのであった。陰陽博士は合戦の吉凶を占い、その結果を氏清に言上する。「奥州（氏清）は水性の人。時は今、冬。よって年内に御合戦あらば、御勝ちになるでしょう」と。

氏清は陰陽博士の言葉を心地良げに聞くと「ならば方々の責め口へ、合戦は三十日と触れよ」と命令を下す。

陰陽博士は、山名氏の重臣・小林上野守義繁を人気のないところに誘い、密かに「御合戦の吉凶を占えとの仰せでしたので、勘文《かんもん》（吉凶などを調べて上申した意見書）の内容を大概言上しました。占いとは、その結果を筋道を立てて説明することを基にし、結果を基にしてよく考えることを主と致します。奥州（氏清）は水性ですので、冬に御合戦に及べば勝つと申し上げました。しかし、十二月は、気は春に近うございます。また、水は北より南へ流れるは陽の道であり順。南より北に流れるは陰の道にて逆。八幡から見て京は北です。よって、このままでは御本意を達することはできませぬ。この辺りに御陣を置いて、討手の下向を待つことが良いと、奥州に申し上げたいのですが、ご機嫌を損じられて、それは何の勘文に見えることぞ、もしくはそなたの推量か。勘文には利あると見えて、そなたは負けるとの推量。珍しき言上かなと仰せにでもなれば、残念にございます。よって、勘文の趣きばかりを申し上げたのです」と告げる。

義繁は「もとより、この悪事を申し立てて、戦に勝ち身を立てようとは思ってはおらぬ。

ただ一家、皆滅びて身を失うばかりと思っている」と言ったが、他の者も義繁と同じ見解であった。誰も氏清を諫めようとはしなかった。

氏清の野望と小林義繁の諫言

そうしている間に、十二月二十九日の暮れとなった。山名氏清は小林義繁を呼んでこう言った。「私が石清水八幡宮を崇め、賀茂社を造替してきたのは、敬信の心ばかりからではない。此度の一大事（挙兵のこと）を思い立ってから、祈禱を重ねてきた。また、よくよく考えてみると、新田義貞は先朝（先帝の朝廷。後醍醐天皇による建武政権）の勅命を承り、上将の職にあり、そして天下の政務に携わってきた。その新田氏の氏族として、私が国務を望むのも根拠がない訳ではないのだ。先年、機会があって南朝より錦の御旗を頂戴し、今それが手元にある。今度、この旗を掲げて合戦しようと思う。もし合戦が我が方に利があるならば、後でそなたを執事職としよう。万事を取り計らえ」と。

だが、義繁からの返事はなし。義繁は、ただ涙に咽《むせ》ぶのであった。氏清は思わぬ義繁の反応に驚くが、しばらくして義繁は口を開く。「この間も内々に申し入れたいと思っておりましたが、播磨殿（山名満幸）がお越しになられ、事は既に決まっておりました。その上、近頃は宇屋・蓮池のような者に全ての事を仰せ付けられ、今回の大事も人知れず（彼らにご相談になる上は、それがし不肖の身でございますので、愚意を申すに及ばず。ただ、悲しみの涙を含んで罷り過ぎました。そもそも当家（山名家）は先年に（幕府の）御敵となった時も後悔されて、故殿（山名時氏）は帰順された。その際にも、御一家で十余ヶ国の守護職を拝領しました。それのみならず、拝領した諸国の御領はその数を知りません。これらはただ上意（将軍の命令）の有り難さにございます。そうであるのに、御被官の輩が在々所々で強引な沙汰をして、一家の悪名を立てていることは骨髄に沁みて悔しいことです。

まずは何より道を改められ、御家門一同、そのような正義に背くことを戒められ、上意を重くすることが肝要と私は明け暮れ嘆いておりました。そのような中、結局、此度の御謀反の御企て。されば如何に神に忠を致そうとも、神は非礼を受けずと申しますので、正八幡大菩薩や賀茂上下社の神慮にも叶わず、御加護があるとは思いませぬ。また近年の莫大の御恩を忘れて、上様（足利義満）へ向けて弓を引くこと、世の人はきっと不思議の思いを致しましょう。天の照覧も計り難し。たとえ一時、合戦に利があったとしても、天下の諸大名の誰が今更、御所様（義満）を捨てて当家に奉公しようと思うでしょうか。よって、神明・仏陀の御加護もなく、上下の諸人に非難されて、何の助けがあって、始終、政を執ることができましょう。これを嘆いて主命に背けば弓矢の道が欠けて、子孫長く奉公を断つことになる。進みて忠功を為そうとすれば、朝敵となり身の置き所がない。ただ今度、合戦があるならば、この義繁、一番に討死して泉下に忠義を顕しましょうぞ。よって執事職のことは、他人にお命じくだされ」と涙を抑えて言上し、退出したのである。

その様に、勇み立っていた氏清や諸氏は耳を澄まし、あるいは嘆き、あるいは感じ入り、皆、鎧の袖を濡らしたのであった。その後、氏清は弟の山名上総介高義を近くに呼び「只今の小林の気色を見るに、きっと軽はずみに死を急ぐであろう。私は、これまで決めたことを思い止まることはしない。明日、そなたと小林は一所において談合すべし」と申し付ける。高義は内心では、残り留まって主君の傾く運の末を見聞せんと思っていたが「承りました」と言うとやがて退出した。晦日《みそか》の朝に行われた一番の合戦で、高義も小林も一度に討死したのは哀れなことである。

山名一族の戦略と誤算

八幡の山名氏清の軍勢は、十二月二十九日の宵に進発して大渡を越え、淀の中嶋にて諸勢の配置を行った。まず山名氏家・入澤行氏は因幡勢五百余騎（『内閣』三百余騎）を率いて淀から鳥羽の秋山を経て、竹田を上り、河原に陣を布いた。内野口にて鬨《とき》の声が上がり、合戦が開始した頃に二条大路に押し出し、大宮内野へ控えよということで東口に遣わされたのである。

山名氏清は分国の軍勢二千余騎（『内閣』二千三百余騎）にて淀の浮橋を渡り、久我縄手から西の岡を経て、下桂へ出て、七条通りから洛中に入らんとして駒を早めて行軍した。山名高義と小林義繁は七百余騎で上桂を上り、四条縄手を東に行き、大宮に出るべしということで、二十九日の宵から峯の堂に控えていた。

山名満幸は西国の軍勢二千余騎（『内閣』一千七百余騎）と共に宵に峯の堂を下りて、梅津の上の瀬を行き、二条の末、西の京より押し寄せる。河原面東口に煙の上がる時分に内野に攻め入り、直ちに雌雄を決するためであった。大葦宗信・大葦平次右衛門尉は土屋党を引率し、五百余騎（『内閣』三百余騎）にて上梅津から仁和寺を経て、並岡を東へ、一条の末を大将軍の鳥居前に駆け出た。方々の責め口にて合戦が始まったならば、一条を東へと押しかけて敵の背後を衝くためである。

さて山名氏家の兵たちは淀の小橋を渡り、秋山を経て、冨森を目指して行軍していた。ところが、皆、西国の者であるので地理に不案内であった。よって、その辺りの堀や深田のことを知らず、我先にと嵌《はま》り込んでしまう。「この先には深田があるぞ。後の軍勢は控えよ」と呼ばわるも、暗い雨の中での行軍。更には、先発勢を見失わないようにと慌てふためいた挙句、馬を深田に倒す騒動となった。彼らはこの騒動を経て、鳥羽の秋山辺りに群集する。「これよりは案内者を先立て、心静かに行け」と号令しているところに何者かが次のようなことを言い出した。「京都では、我らの軍勢が東口に向かうと聞いて、畠山右衛門佐の三千余騎（『内閣』八百余騎）が宵から今比叡に陣を置いているという。我らが九条辺りに着いた時、東寺の軍勢と示し合わせて、東西から挟撃すると聞くぞ」と。その言葉を聞いた山名氏家らの兵は「無案内の我らが軍勢、敵が大勢待ち構えているところに行き、犬死することはない。淀に引き返せ」と我先にと撤退するのであった。

しかし、淀に帰ってみると、そこにいた山名氏清の軍勢は既に淀の浮橋を渡り、姿は見えなかった。先陣にて、搦手に行くはずの軍勢が後陣になってしまったのだ。これを見て「今日の戦の勝負はどうなることか」と囁く人々も多かったという。

山名方の裏切り者と幕府方の奇瑞

十二月晦日の暁に、上梅津の川を渡った丹波勢の中には、久下・中澤氏がいた。両氏は山名方ではあったが、幕府に「降参」する志があった。よって、彼らは兵三十騎ばかりを引き分けて、河を越させたのである。そのことを怪しんだのが山名高義の兵たちであった。高義の兵らは、久下・中澤氏の兵三十騎を大勢で取り囲んで、事の子細を問い詰めたのである。両氏の兵の中の二人は、優れた馬に乗っていたので、返事もせずに、包囲網を突破し、駆け抜けて、内野の幕府方の陣に到達した。その他の兵らは、釈明することができず、高義の兵により討たれた。

包囲網を突破した久下・中澤の兵は、管領細川常久の陣に馳せ参じ「丹波国の住人、久下・中澤の者共、お味方として参りました。手の者三十騎ばかりにございましたが、我ら二人はここまで逃れることができました。しかし、残りの者たちは、上総介（高義）と小林の兵により怪しまれて、問答するも皆、討たれたように思います」と告げる。管領は彼ら二人を引き連れて、義満のもとに参じる。義満は事の子細を管領に尋ねた。

管領は昨夜の軍評定のことや、方々の軍勢配置のことについて、義満に詳しく説明する。義満からは「さて、合戦はいつ始まるか」との仰せがあった。「この暁と決まりました。軍勢は夜半に早くも皆、桂川を越えて、打ち立ってございます」と応答する管領。すると義満は「諸軍勢にこのことを触れよ。最初に味方として参じたこと、神妙である。管領の手に属して忠節を尽くせ」と言うと、久下・中澤氏を帰したのであった。

その頃、不思議なことが起こったという。十二・三歳と思われる少年が「夜明けに合戦と決まった。それぞれの陣、ご用意を」と触れ回ったのだ。ある人が「誰のご命令か」と問うと、その少年は「御所（将軍）より」とのみ答えると、かき消えたのであった。

また、その頃、幕府方の諸軍勢は馬の腹帯を固め、甲《かぶと》の緒《お》を締めて、旗を持つ手を離し、明けゆく天を見つめていた。将軍・義満が着背長を着用したので、その馬廻の人々も思い思いに打ち立って、堀河表の惣門に御旗を進めたのであった。すると中門の車寄せの辺りから、霊鳥が一双（二羽）現れて、御旗の蟬元《せみもと》（上部）にしばし留まると、南を指して飛び去ったのである。それもこれも不思議の奇瑞《きずい》（吉兆）であると同書は記す。

垣屋弾正忠と滑良兵庫助の誠忠

幕府方の山名時熙と山名氏之は、十二月二十九日の深夜、家臣を集めて「私の評定」を行った。その中で、垣屋弾正忠が進み出て「今度の合戦の基は、偏に御両人より出たもの。合戦の勝負は、時の運によりますれば、私の力に拠るべからず。ただ、義は死生の中にあるものと思いますので、身内の人々、皆残らず討死して果てねば、上意（将軍の思い）も世の人々の思いも、良いようには取りますまい。それがしは一番に討死しましょうぞ。子である幸福丸は年少（九歳）であり、明日は御供はさせません。彼を御側近くで召し使って頂ければ、草葉の陰からでも忝《かたじけな》く存じます」と言上する。

また、滑良兵庫助は「今まで主君に勤仕してきたのも、かような時に、命を散らせてご奉公するためであろう。味方は申すに及ばず、敵は皆、日頃から顔を合わせてきた傍輩。生き残り、彼らにとやかく言われるよりは、真前に進んでくるであろう奥州（山名氏清）の身内の者に攻めかかり、垣屋弾正と一緒に死のうではないか」と語った。これを聞いた時熙は「今に始まったことではないが、両人の意見、清々しく感じた。ただ一騎なりとも、奥州や播州（山名満幸）の両陣の真ん中に駆け入り、戦場の苔を枕に討死せよ。この戦、他人に譲ることはできん」と宣言。

よって、志のある者たちは、阿弥陀の名号と「阿」字の曼荼羅を錦袋に入れて、一様に首にかけた。それは一途な死に支度であった。晦日の合戦においては、山名時熙は敵方の大勢に包囲されて、討死する一歩手前まで追い詰められる。

その時、垣屋弾正忠や滑良兵庫助らの兵たちが立ち塞がり、討死したのである。その隙《すき》に時熙は味方の大内義弘軍に加わり、万死に一生を得ることができた。垣屋弾正忠と滑良兵庫助の振舞いを聞いて、人々は涙を流したのであった。

大内義弘の号令

十二月晦日の卯刻《うのこく》（午前五時から午前七時頃）、四条大宮から押し寄せた山名高義と小林義繁の軍勢からは「山名上総介高義・小林上野守義繁、今日の合戦に先駆けて討死する」との声が頻りに聞こえてきた。そして鬨の声を上げたのである。

大内義弘はこれを聞いて「敵方の一番勢の者たちがこの責め口へ攻め寄せてきたのだ。これは逃れることはできぬ。敵はきっと大勢であろう。我が軍勢は小勢だが、お前たちは皆、名を知られた者たち。西国においては度々の合戦にて毎度、名を挙げてきた兵たちであるが、都での合戦はこれが初めて。我が方の安否はこの戦にあり。一人も残らず斬り死して、名を万代の誉れに残し、屍を一戦の巷に棄てよ」と将兵に呼ばわる。兼ねてより決められていたことではあるが、大内方の五百余騎（『内閣』三百余騎）の兵たちは、一度に素早く動いて、盾を一面につき並べた。また射手の兵二百余人を左右に置いたのである。

その上で、次のような大声での号令があった。「中を破られるな。敵がもし馬でここを突破しようとするならば、馬を斬って跳ねさせよ。騎乗の敵が落ちたならば、押さえて刺し殺せ。もし敵が馬から降りて通ろうとしてきたならば、手許に近付けて組み討ちにせよ。敵が退くならば追うな。敵からの攻撃が激しくとも一歩も退くな」と。大内義弘はそう言うと、自らの身を前線に置いたのである。

義弘のその日の装束は、練貫《ねりぬき》を紺地に染めて威《おど》した鎧。同毛の五枚甲の緒を締めて、二尺八寸の太刀を佩き、三尺余りの長刀を手元に引き寄せ、自軍の将兵と共にあった。

一方、小林義繁の先発隊二百余騎は、二条大宮に駆け出て敵陣を見渡していた。雨は宵に一時降ったが、すぐに晴れ、暁には霧が深く立ちこめていた。よって物色ははっきりと見えなかったが、直甲の兵五・六百（『内閣』三百余騎）が、盾を南向きにつき並べて、その合間には兵共が枯野に靡《なび》く尾花のように、鋒を揃えて静かに控えている。内野の方を見れば、雲霞の如き大軍勢の大旗・小旗が揺らめき、その数五・六万騎（『内閣』二・三万騎）であろうかと思われる程であった。

さすがの山名高義や小林義繁も「大山に立ち向かう」心地がして、気落ちしたという。

そうしているうちに、二条大宮にて合戦が始まる。馬の足音や鬨の声が天地に響き渡る。大内義弘の兵は神祇官の森を背にしていた。その射手の兵共は皆、胴丸・腹当・帽子・甲を着て、つき並べていた盾から左右に流れ出て、矢先を揃えて雨の降る如く、山名方に矢を放った。小林軍の兵たちはその矢を受け、馬で進むことができず下馬し、大内勢の真ん中に鋒を揃えて斬り込んだのである。敵味方入り乱れての乱戦となった。大宮を南北へ、二条を東西へ、押したり退いたりの激戦。組み打ちし、刺し違えて討死する者もいた。

西国に雄名を馳せた大内勢と、中国で勇士の誉高い山名方の荒武者であるので、互いに勇んで進み、ただ死ぬまで戦う者ばかりであった。命を惜しんで一歩退く者は誰もいなかった。二・三百人が死に重なり、その血は道端の草を染め、野原が屍の墓となった。酷いというも愚かである。

小林義繁・山名高義の討死

そうした頃、山名高義は小林義繁に向かい言った。「この戦、今は味方に利があるとは思えぬ。そうであるならば、一騎なりとも将軍の御前近くに駆け入って、御陣の御方（義満）を枕にして死ぬより他のことはない。敵は皆、馬から降りて徒歩となっている。よって大宮を突破し、御所（義満）の近くまで攻めかかり、討死をしたいものよ」と。義繁は高義に同意した。

生き残った兵三十騎ばかりと共に鬨の声をあげて駆け出す。これを見た大内義弘は「一歩たりとも敵を通したならば、我らの不覚である。この義弘が討死しない限りは、一人も通すまい」と言うと、神祇官の東面、冷泉大宮の横合いに立ち塞がる。そして、駆け通ろうとする敵の馬の四肢などを切りすえ、落ち武者の首を獲ったのである。戦った者の小具足も鎧も切るほどであった。義弘の長刀によって、山名方の人馬の多くが討たれたのである。

小林義繁は、いまだ馬に乗り控えていたが、大内義弘により切り落とされては犬死だと感じたので、義弘を弓手（左手）に引きつけ、馳せ寄ってから馬から降りた。鍔元《つばもと》まで血に染まった太刀を馬手（右手）に引き寄せて、義繁は義弘に斬りかかる。義弘は敵は小太刀を持っていると思ったので、手元に引き付けて勝負しようとした。長刀を短く取り直した義弘は、弓手の袖を揺り掛けて、敵を待つ。義繁は走り寄り、義弘に斬りかかろうとした。元来、腕利きである義繁は、小膝を折り、袖の下にあげ切りに、素早く二太刀続けて斬り付けた。義弘は弓手の肩から肘にかけて二箇所切られてしまう。

だが、頃合い良しと見た義弘は、長刀を持ち直し、義繁の内甲《うちかぶと》の隙間を狙い、打ちかかる。更に義弘は、敵の脛当《すねあ》ての外れを横様に強く斬った。脛楯《はいだて》（草摺《くさずり》と脛当との間の大腿部《だいたいぶ》の防御具）や札と共に、敵の片股を切断したのだ。義繁は心は勇み立ってはいたが、片股となっていたので、北枕に倒れ伏してしまう。弓手を押さえて、しばし太刀でやり合うも、次第に弱っていくように見えた。大内方の兵が義繁の首を獲ろうとしたが、義繁はその兵の草摺を摑み寄せ、刺し違えて死んだのであった。

義繁が討たれたので、小林家の一族・若党ら七・八騎は、義弘を真ん中に取り込めて討とうとする。杉豊後・杉備中・須江美作・平井入道らは、やり合っていた敵を打ち捨て、主君・義弘を助けようと散々に戦う。大内の兵は多く、敵方の兵八人のうち、五人が討たれた。

敵味方がこのように戦っている時、山名高義は中御門大宮の義満の陣に攻め込もうと辺りを見渡していた。そうしているところに、摂津左馬助・富永筑後守ら義満の御馬廻の者三十騎(『内閣』十四・五騎)ばかりが「あれは敵ぞ」と呼ばわる。よって幕府方の兵たちは大宮面の古築地より走り下りて、大路を塞ぎ固めたのである。これを見た高義は、内野の広い場所に出ようと、古築地へ駆け上がろうとした。ところが馬も傷を負い、木の葉に溜まった朝霜が陽により溶けていたこともあって、馬は岸から転んでしまう。

高義も左側に真っ逆様に転倒する。富永筑後守は高義の側に走り寄り、その内甲に二太刀・三太刀浴びせた。猛進した高義であったが、中御門大宮にて遂に討たれたのである。

高義に従う兵たちも思い思いに駆け行って敵と戦い、高義の死骸の上に斃《たお》れたのであった。卯刻に戦は始まるが、卯刻の終わりまでに、山名高義・小林義繁とそれに従う兵百八十三騎が討死した。大内義弘の兵も六十余人が討たれた。こうして二条大宮での戦いは終わったのである。

以上が『明徳記』の上巻の内容である。ここから中巻が始まる。

中巻開幕――満幸の行方

十二月二十九日の夜、山名満幸の兵たちは峯の堂を下った。夜半には桂川を越して、梅津に陣を置き、明けゆく天を待っていた。晦日の卯刻に二条大宮辺りで戦いがあったと見えて、上は冷泉・中御門、下は三条・四条の方から鬨の声が夥《おびただ》しく聞こえてきた。よって時を同じくして、西の京口より攻め入るべしとて、大将の満幸を探すも姿は陣中に見えず。「これはどうしたことか」と皆、色を失い、馬廻の人々に尋ねるも「昨夜はとても暗く、雨も降っていた。山陰が深い細路を降りてきたので、大将の居場所は知り申さず」との返答であった。「さても不思議なことかな」と皆は呆れてしまい、攻め込むことができなかった。

大葦宗信は一条口に攻め寄せることに定まっていたが、満幸の姿が見えないので、評定と相違してしまい、ただ呆然として控えていた。そうしているうちに、大宮での合戦は味方が負けたと見えて、鬨の声が南に靡き分かれていたかと思うと、次第に微かになっていく。合戦の行方はどうなっているのかと手に汗握っている時に、小林義繁の下部が一人走り来たって言上する。「大宮での合戦に味方は敗れ、上総殿・小林殿を始めとして、一番勢の大半が討ち取られましてございます。そのような時に、なぜこのようにのんびりとしておられるのか」と。兵達の多くが呆れ返っているところに、満幸主従五騎が馳せ来る。これを見て、兵たちは少し顔色を和らげた。

しかし、家臣の塩冶駿河守は「そもそも、これほどの重大なことをお企てあるのに、定められた合図に相違するとは。どこにおられたのですか」と荒々しく満幸に詰め寄る。それに対し満幸は「運は既に尽きたように思う。夜半に陣を立ち、木の葉が分かれる山路の幽かなる跡を尋ねて、東の谷を下ろうと思っておった。よって南へ向けて馬で走っていた。河嶋辺り（京都市西京区）を過ぎ、丹波口へ出た時に夜は明けてしまった。これはどうしたことかと辺りをよくよく見回すと、大江山中にいるように覚えた。これはどうしたことか。この先には何か道標はあるのかと尋ねると、緋縅《ひおどし》の鎧を着て、葦毛の馬に乗った武者が桂川はこっちじゃと呼ばわる声が聞こえていたが、夜が明けると共に、その武者も行方知れずとなったと言うではないか。これは只事ではないと思い、そこから取って返して馳せ上ってきたのだ。京での戦のことも、桂川で聞いた。合戦の勝負はどうなったのじゃ。気がかりではある」と答えた。

「戦は味方が敗れて、上総殿・小林殿が討死したと、只今、告げ知らせて参りました」と聞いた満幸は「ならば方々の手分けは要らぬ。皆、一手になって二条の外れに押し寄せて、討死するより他はなし」と言う。一条口に攻め寄せるはずであった土屋党も引き返してきて、一手になり攻め寄せることになる。

土屋一族の覚悟

十二月二十九日の夜。土屋一族は寄り合い「今生の名残は、今夜限りとなるやも」などと物語していた。

その時、平次右衛門尉は「各々方は、此度の戦をどうお思いか。生きて返って来られる戦とは思えぬ。親である入道も申していたが、今度、（満幸が）不思議の合戦を思い立たれたことは、一家滅亡の時が到来したと言えよう。播磨守は御幼少の頃より在京され、偏に御所（将軍）の御扶持をもって、人となったのだ。その後、讃岐殿（山名義幸）が病の折りには、その代官とは申しながら、家督の如く、丹後・出雲両国を拝領された。よって、御一族の中にもそのことを妬ましく思っていた方もいると聞く。

また、隠岐・伯耆国を合わせて既に四ヶ国の御分国を領され、何事も思いのままとなったのも、御所様の御恩ではないか。また、年少よりの奉公の御馴染を捨て、国々拝領の御恩を忘れて、公私の生涯をかけて、今この合戦に及ぶ程の恨みがあろうか。さりながら、既に弓矢（合戦）に及ぶ積もりならば、打ち勝つなら申すに及ばず。もし戦に利なくば、一筋に覚悟を決めて士卒相共に死を一所にすべし。万一、戦に敗れて分国へ落ち行きて勢いがいよいよ衰え、見苦しきことにでもなれば、義に叶わぬ戦をしてそれ見たことかと天下の物笑いとなるであろう。そうならぬように、まず我ら一族、一番に駆け入り討死して一家の弓矢を名に残そうではないか。しからばこの一族、皆々、合印を付けて土屋の者共何十人討死したりと世の人に知らしめようと思うが如何」と進み出て言った。

土屋一族は皆々「それが良い」と、百二十七人（『内閣』五十三人）全て、左に指懸けし、左手の長高指に紅の糸を結んだのである。このことを見聞した者は「戦場に出る日は、誰であってもこのようにありたいものだ」と褒めるばかりであった。

義満の義弘褒賞

山名満幸が出雲・伯耆・隠岐・丹後四ヶ国の兵二千余騎（『内閣』一千二百余騎）で攻め寄せると聞こえていたので、細川常久・細川頼元・細川満春・畠山基国父子は総勢三千余騎（『内閣』二千七百余騎）にて二条口雀森辺りへ押し出し、二つ引両の旗を五流立てて魚《ぎょ》鱗《りん》に進み、一足も退かなかった。

御所（将軍・義満）も御馬廻五千余騎（『内閣』三千余騎）で中御門大宮に打って出た。そして義満は「東西の責め口で難儀している方に合力せよ」と命じる。

義満のその日の装束は、わざと御小袖を着ず、燻《ふすべ》革《がわ》の腹巻に、黒皮で威した鎧を着用していた。同毛の甲の緒を締め、累代の御重宝と聞こえる篠作という刀と、二つ銘という太刀を二振り添えて佩いていた。また、薬研徹《やげんどお》しという腰刀を差していた。秘蔵の大河原毛、五尺の馬には金覆輪の鞍《くら》を置き、厚総《あつぶさ》鞦《しりがい》を掛けて乗っていた。

そもそも、今回、義満が御小袖を着ずに、腹巻を着用したことには理由があった。まず、御小袖は朝敵を退治する時に着る吉例の着背長である。だが、今度は「家僕」（家臣）の出過ぎた振る舞いを戒めるための戦であったので、義満は前述のような出立ちだったのだ。

また、軍勢に紛れて、もし山名氏清や満幸が自らに近付いてきたならば、他人に斬らせずに、自分で殺そうと義満は思っていたと言う。しかし、立場が立場だけに、他の兵に紛れることはできなかった。

御馬廻の軍奉行は、一色詮範・今川仲秋の両人であった。いずれも元来より名を得たる勇士である。軍勢が展開するところ、御旗が進み退くところ、両人は前後左右に馳せ回り、兵を勇め、軍勢を奮い立たせた。その堂々としたさまは、高祖《こうそ》(前漢の初代皇帝・劉邦《りゅうほう》)の家臣・韓信《かんしん》と彭越《ほうえつ》が機を司り、百万の兵を指揮したのと同様だった。その他の御馬廻の人々も、思い思いの馬・物具・鞍・小具足に至るまで美しい彩りであり、それは花のようであった。体格の良い大馬らは内野を所狭しと駆け廻り、敵と戦う手立てをお互いに心に持って、争うかのように進んでいる。その様相は、悪鬼・悪神であろうとも敵わないであろうと思われる。

そうしたところに、大内義弘が左手を二ヶ所切られ、鎧の袖、甲の錣《しころ》も散々に切られた状態で駆け付けて言上した。「二条大宮の合戦、既に難儀となっておりましたので、この義弘、討死しなければ敵うまいと思い、身命を捨てて責め戦い、敵共を多く討ち取りました。また、義弘の兵も若干討ち取られました。戦は勝ちましたが、奥州(山名氏清)の軍勢が大勢でもって大宮を上り、攻め寄せて来るとの告げ知らせがありました。しかし、義弘が手の者、或いは討たれ、或いは傷付き、今は戦すべき者はございません。難儀しております。義弘が討死してしまえば、きっと大事になるでしょう。急ぎ、入れ替えの軍勢を遣わしてください。義弘ほどの勇士が他におりましょうか」と。

身も馬も血に染まり、眼を怒らし、大声で言上した義弘に、他の者は圧倒される。この言葉を聞いた人の中には「弓馬に携わる程の者、このような御大事に誰が命を惜しみましょうぞ。天下において戦というものは、今に始まったことではない」と語る者が多かった。将軍・義満はこれを聞いて「誠に今朝の合戦の忠義、比類ないものだ」と義弘を称賛する。続けて「これを持って、もう一合戦せよ」と義弘に佩いていた御太刀を下賜した。更には「その責口が難儀ならば、軍勢を遣わし、合力しよう。まず赤松上総介（義則）を差し遣わす。合流し、合戦せよ」と義満は命じ、義弘を帰したのであった。

満幸の奮戦と土屋一族の討死

山名満幸は内野口へ攻め寄せて、鬨の声を上げた。一方、細川・畠山の軍勢も同じく鬨の声を上げたので、その声々は凄まじいものとなった。畠山基国の軍勢七百余騎は敵に詰め寄り、射手の兵は走り散って、矢合わせが既に始まっていた。満幸の軍勢、伯耆国の軍勢五百余騎（『内閣』三百余騎）は内野口を一文字に駆け抜けて、畠山の軍勢には目をくれず、二引両の御旗の方に攻め寄せた。そこが義満の陣と思ったからである。

だが、そこには管領の軍勢が雲霞の如く控えていた。その真ん中へ、満幸らの軍勢は脇目もふらず斬り込んだのであった。それを見た畠山基国は「敵に前を通られることは、この基国の不覚。敵の横合いに駆け入り、皆、斬り死にせよ」と呼ばわった。畠山満家・畠山満慶を先陣とし、それに遊佐・神保・誉田・斎藤・須田・蓮華院という一騎当千の兵五百余騎（『内閣』三百余騎）が続く。その軍勢は山名満幸らの軍勢の横合いに突入したので黒煙が立ち、敵味方の区別も付かない有様となった。半刻ばかり揉《も》み合うことになる。満幸の兵は、管領の軍勢に取り付き、東西南北を押したり引いたり、激戦を繰り広げた。また、畠山基国の軍勢に取って返して駆け入る者もあった。細川・畠山・山名の軍兵は入り乱れて戦をしたので、多くの兵が散っていく。今のような状態では、簡単に勝負がつく戦のようには見えなかった。

さて、大嘗会畠に控えていた佐々木高詮は、二条口において戦が始まり、鬨の声・馬煙が夥しく天を覆っているのを見聞した。そこで四目結の大旗を龍蛇の如くゆらめかして、右近馬場を南に向けて進軍する。そこには、山名満幸の兵である土屋一族が陣を置いて控えていた。彼らは一族・若党三百余騎（『内閣』百五十騎）、他人を交えず、色々の母衣をたなびかせて、四目結の旗の下（佐々木軍）に声を響かせて、轡《くつわ》を並べ斬り入って来た。佐々木勢は、左手の古築地に沿って、積極的に攻撃をかけ、土屋一族を囲もうとする。土屋一族も心得たる勇士たちであったので、敵軍を駆け破ろうとした。佐々木軍は「それは良い」と思い、土屋軍が駆け通るところに、一人も残さず討ち取ろうと横合から斬りかかる。土屋軍は親は討たれても子は助けず、主人が討たれても若党は落ち合わずという状態であり、次々と人馬の死体が積み重なっていった。

土屋軍は敗れて南へ向けて退くかと見えたので、佐々木勢は攻勢を強める。土屋一党五十三人は冷泉西の大宮にて枕を並べて討死した。山名満幸は五十騎ほどで二条より少し南の豊縄口（淀縄手）に静かに控えていた。乱れ散った兵たちがここかしこから集まり、二百騎ほどになっているのを見た満幸は言う。「土屋一族の者共、四結目の旗を見て駆け入ったように思えたが、未だ一騎も帰らぬ。これは一所にて討たれたのか否か。どこにいたとしても我を捨てる者共ではない。先程の駆け入りの時に討たれたと見える。今は逃れられぬ時ぞ。一人も残らず駆け入りて討死せよ」と。

満幸の軍勢は鬨の声を上げて、細川・畠山数万の軍勢の真ん中に駆け入る。将軍方の兵は、敵方を一人も討ち漏らすまいと、敵を組み討ちにしたり、駆け寄って討ち取ったりした。幕府軍は大勢であったので、満幸軍の周りは左も右も敵だらけであり、援軍が入り込む隙がなかった。満幸軍は人馬虚空に血を注ぎ、一人も生きることはできないような状態に見えた。よって、満幸軍の兵は身命を捨てて敵軍にぶつかったのである。これにより、畠山基国の兵は内野に向けて退こうとした。が、基国は一歩も退かず「きたなし。人々、どこに退くか。返せ、返せ」と叱咤《しった》する。自ら敵軍と五・六度も交戦したので、甲の鍬形・鎧の袖が散々に切られた。

危機的状況であったが、そこに斎藤・蓮華院・久間来・高田らの軍兵が駆け付けて戦い、討死したので、基国の兵百五十騎も駆け寄り戦う。これにより基国は逃れることができた。

将軍の進軍と鳩の奇瑞

しかし、戦はまだ終わらない。将軍・義満はこの戦況を見て「今日の戦は天下の安否に関わる。自ら事に当たらなければ敵わぬものと見える。旗を進めよ」と命令する。義満は帯副えの太刀を抜かせて、五千騎の軍勢の先頭で更に号令をかける。「何程のことがあろうか。敵を真ん中に取り籠めて、満幸を始めとして一人も残さず討ち取れ。六条河原に切り駆けて、傍輩の不義を懲らしめよ」と。御馬廻の五千余騎（『内閣』三千余騎）は、義満の号令に力を得て、龍が水を得たように、勇んで進軍する。鬨の声を上げ進むさまは、黒雲が風に乗じて渦巻き出たようであった。その時、一つの不思議なことが起こった。

将軍の軍勢が西へ進むのと同じくして、北野の森から山鳩の一群が飛来。軍兵が掲げる御旗の上に止まったのである。その中には、尾が二尺もあるような霊鳩が一双いた。霊鳩は山名満幸の陣の上を南西の方に飛び去った。これを見た人々は「あぁ、八幡大菩薩・北野天満天神が仮の姿をとってこの世に現われた。その奇瑞に違いない」と信心を深め、頼もしく感じた。

この鳩が飛び去るのと同じくして、山名満幸の軍勢は敗れ、梅津の方向に撤退する。幕軍の追撃が急速であったので、桂川辺りで既に討ち取られてしまうかと思われたが、松田将監は引き返し、深田の細道にて、幕軍としばらく交戦した。だが、最早敵わぬと思い、前の草摺を畳上げて、腹を掻き切って自害してしまう。主人の満幸はその隙に桂川を馳せ渡り、丹波路指して落ちていった。心許ない命であった。この度の謀反挙兵を思い立った本人の満幸が一度も引き返しもせず、先へと急ぐ有様は見苦しいものであると同書は記す。謀反を諫めた若党らは多く討死したが、それを見捨てた形になった。

今回の合戦は卯刻に始まり、午刻に終わった。その間、満幸の兵、佐々木一族、土屋一族、その他、人に知られるほどの西国勢、五百七十三人が討死した。右近馬場・雀森・二条の末から梅津・桂まで、人馬の死骸は夥しいものだった。幕軍でも、富樫・莫田を始めとして一騎当千の者、諸大名の兵、日頃、人に名を知られたほどの勇士、二百七十余人(『内閣』百七十余人)が討死。屍は路上に横たわっていた。名を残しつつ、内野口、西の手の二度目の戦は終結する。

氏清の攻勢

さて、山名氏清は下桂の瀬を渡り、西の七条に打って出た。そこに山名高義が手負いの若党一騎が馳せ来る。若党は「今朝、卯刻より二条大宮で戦始まり、上総殿・小林殿もその他の者共も大内勢の手により討死。残る者も散り散りとなり、行方知れずにございます」と涙ながらに言上した。

氏清はこれを聞いて「弓矢取る者の習いと思いながら、彼ら二人が一度に討たれるとは思いも寄らず。彼らは前より度々、我を諫めていたが、翻意叶わぬと見て、思い切って同心し討死したものと思う。それにしても急げや、人々。彼らが討死した二条大宮にて、同じく屍を晒《さら》すべし」と言うと、馬を速めて大宮を上って攻め寄せる。四条大宮まで行軍した氏清勢は法華堂の空き地で控えた。

そこで氏清は「大宮ばかりから攻め寄せたならば、大勢になって道が狭くなり、思う通りに動くことはできぬ。中務大輔（山名氏家）は因幡勢を率いて猪熊を上り攻め入るべし。氏清は大宮より攻め入る。二条大路にて大宮・猪熊の軍勢一手になるべし」と下令した。蓮池美濃守が進み出て「合戦の次第、よくよく御談合あるべきです。暫く事の成り行きをご覧になられてから、法華堂・安国寺の両方に陣を置き、然るべき時が来たならば、一挙に内野の御陣に攻め入り勝負を決する。それが難儀ならば、夜に紛れて西山辺りに引き退き、分国の軍勢や紀伊国の大夫殿（山名義理）の軍勢を待つのは如何」と献策する。

氏清は「それは未だ戦が始まる前の考えじゃ。今朝、上総介・小林が討死した。西口の播磨守（満幸）の戦も未だ決着が着いていない。そのような時に長詮議して内野の合戦に敗れたならば、何の合力になろうか。播磨守の軍勢、一旦、戦に利がなくとも、我らが軍勢だけでも打ち勝って敵を蹴散らせば、播磨守の軍勢も取って返して攻め入るであろう。戦で利を失ったならば、皆、一所にて討死して、今朝先立った人々に死出の山で追いつこうではないか。ただ旗を進めよ」と反論し、真っ先に出馬する。この言葉を聞いた者の中には、心配し驚き、藪垣に目配せして逃げ出そうとした者もあった。見苦しく情けないことである。

氏清に従う軍勢二千余騎（『内閣』一千余騎）は三条坊門大宮へ押し寄せて、鬨の声を三度上げた。大内義弘は神祇官の森の南（大宮面）に控えていたが、敵勢迫るを見て「敵を一人でも二条より上へ通したならば、ただこの陣の不覚である。今朝の戦功も無になるであろう。我も人も皆、斬り死にして、死骸となっても敵を容易くここを通すな」と、戦に疲れていた兵たちを鼓舞するのであった。

赤松義則軍の奮戦

ここに赤松上総介義則、松の文字が描かれた大旗を最前に進めて言う。「今朝の合戦は、大内勢が奮戦した。我が兵は勇猛な兵ということで合力を仰せ付けられた。そうであるならば、他人が戦するのを待つべからず。まず敵の先陣と馳せ合わせて、命捨てて戦え」と。軍勢を二条より南に進め、轡を並べて敵を待つ赤松軍。そこに声を上げて斬り込んできたのが、山名氏家の軍勢五百余騎であった。三両引の大旗と松文字の赤旗が入り乱れる。両軍は五・六度揉み合うことになる。

その勝負の行方がいまだ見えないところに、山名氏清の兵五百余騎が押小路大宮より二条猪熊に筋違い様に駆け入り、攻撃を加えた。息をつかせず攻めかかったので、人馬の死体は重なり、血は川に流れた。無惨な光景であった。赤松義則軍は、義則の舎弟・左馬助始め佐用・柏原・宇野・上村・土橋ら兵百余人（『内閣』五十七人）が一所にて討死した。義則に供奉する旗差しも、大勢の中に駆け入り、散々に斬って回る。山名氏清の旗差しと格闘し、差し違えて死ぬ者もあった。前代未聞の風情である。氏清と氏家の兵は入れ替わり立ち替わり攻めかかってくる。これに赤松義則の軍兵は押されて、二条を東へ猪熊を北へ、雪崩をうって退くことになった。

赤松勢の中に上原入道という老武者がいた。退却する味方に半町ばかり先立って猪熊を上り、一条まで逃れていた。しかし、馬の足音や鬨の声が耳に付いたため、敵が接近したものと思い、相国寺を目指して馬で駆ける。相国寺では悪党乱入を避けるため、惣門を固めて、矢倉をあげ、行者らが大勢で警固していた。そこに上原入道が馳せ来たり「門を開けられい」と呼ばわったものだから、相国寺の人々は（敵であろうか）と思い、「取り残すな。討ち漏らすな」と棒ちぎりを持って集まる。そこで上原入道は「ここにも敵がいたぞ」と言うと、八講堂を東へ、万里小路を北に向けて鞍馬の奥を目指して、息が切れるばかりに馬で逃げた。溝路池の辺りで馬が疲弊したので、入道はしばらく休むことにした。都の方を見てみると、自分が逃げてきた跡には人が一人も見えない。いまだ内野では戦が行われているものと見えて、鬨の声が微かに聞こえる。

入道は「それにしても、なぜここまで逃げてきたのか。我ながらこれほど臆病でありながら、弓矢の道に携わる不当さよ。白昼のことなれば、悪事千里に走り、このこと、世に隠すことはできないだろう。そうならば何の面目あって主君に対面することができよう」と独りごちた。その後、入道は六条道場に走り入り、出家遁世する。都から忍び出で、西国方面に下ったと人々は噂した。

一方、赤松義則は一歩も退かず、二条猪熊岩神前に控えていた。そして「きたなし。引き返せ。どこに退くか。この陣を破られて、後日人に侮られんは、ただ義則が兵の不覚である。義則は討死するぞ。返せ、返せ」と自軍を叱咤した。その呼ばわりを聞いて、有野・有元・喜多野・浦上氏を始めとして、家臣たちがここかしこより、馳せ集まってきた。

主従七騎は轡を並べて「敵が続けて押し寄せてきたならば、互いに手を組んで討死するべし」と思い定め、敵方を待ち受ける。赤松義則の兵は、山名勢に敗れて退いたとは聞こえていたが、二条猪熊の陣は破れず。兵は本陣に馳せ集まり、ついに戦に勝ったということが天下に流布した。

垣屋・滑良の死

その頃、幕府方についていた山名時熙は、この合戦の濫觴はまさしく時熙らにありと人々が申すので「ただ討死するより他になし、他の責め口で末端の敵の相手をするより、大宮を攻め上ってくる伯父・奥州（氏清）の軍勢と戦い、討死しよう」と思っていた。よって、御馬廻ら五十余騎を率いて、冷泉大宮に打って出て、岩神の鳥居の中に三両引の旗一流を打ち立てたのである。

そして、氏清の軍勢が近付いてくるのを静かに待ちかまえていた。氏清の軍勢は赤松勢と戦い、その後、左右へ引き分けて人馬を休ませていた。それを時熙は好機と見て、二条大路に打って出た。続けて、氏清の大勢が控えている真ん中に突入したのである。一文字、十文字に駆け回り敵と戦い、二条に出た頃には、五十三騎もいた兵が主従九騎となっていた。氏清はこれを見て「三両引の旗の上に竹葉を付けているのは、宮内少輔（山名時熙）と思われる。一騎なりとも討て」と大音で命じる。氏清の兵五十騎ばかりが二条大路を追撃した。東西南北に馳せ回り、黒煙を立てて敵と戦う。

大勢の氏清軍が時熙を取り籠めて既に討ち取ったかと思われる頃。垣屋弾正忠が「滑良はいるか。さぁ、行くぞ」と言うと、滑良兵庫助は「心得たり」と応答する。両人は敵（氏清軍）の大勢に突入したのである。

垣屋は五尺三寸の太刀、滑良は五尺二寸の長刀で敵兵を六騎倒す。氏清はそれを見て「あそこの敵たった二騎に、多くの者を討たれるとは。きたなき味方の振る舞いかな。馳せ並んで、組み討ちにせよ」と命じる。山口弾正・福富備中を始めとして、屈強の兵十四・五騎が一度にはらりと降り立ち、鑓・薙刀を持って、垣屋らを討とうとする。「ここは遁《のが》れられぬところだ。とても討死せずばおれまい。降りよ、滑良」と垣屋が言う。垣屋と滑良、両人は降り立つ。垣屋は大太刀を持っていたので、馬も人も縦割りにせんと敵に斬りかかる。ところが敵を斬ることはできず、太刀は土に深く食い込んでしまう。

垣屋は「滑良はいるか。先立つぞ」と叫ぶと念仏を四・五回唱えた。そして、敵に討たれてしまう。滑良兵庫助は「心得たり」と言うと、多くの敵に混じり、死にもの狂いに命の限り戦った。氏清はこれを見て「筑紫九国に名を得たる滑良兵庫と見える。討ち漏らすな、兵共。長具足（鑓・長刀）で攻撃し、太刀持は後ろへ回り、裾を切れ」と命じる。兵五人は鑓・長刀で滑良に対抗する。太刀持はその後ろから走り寄り、滑良の臆病金（鎧の筒脛当の付属具）の外れを思い切り、斬り付けた。滑良は尻餅を付いて倒れ込む。長刀を投げ捨てた滑良は、三尺余りの太刀を抜き、近付く敵を打ち払い、こう言った。「戦疲れて苦しきに、心静かに死なせよ。信仰する阿弥陀如来の来迎に預かり、往生するを見よ、人々」と。西に顔を向け、滑良は死んでいったが、その光景は敵・味方の目を驚かすものだった。

山名時熙は、大内勢が控えている神祇官の陣へ馳せ加わった。虎口を逃れたのである。戦終わりて後、時熙は将軍の御陣に馳せ参り、大宮合戦の次第、敵味方の振る舞いを粗々言上した。その時、将軍・義満は心地良さげに「誠に垣屋が討たれたのか」と尋ねる。時熙は「そのことにございます。この時熙は敵十四・五騎に包囲されており、討たれるかと思いましたが、垣屋・滑良が馳せ塞がり、二人して」と涙を流して答えた。義満はそれを見て「今のそなたの心中、察せられる。これこそ弓矢取りの手本となるべきだ。惜しい者達を」と語ったのである。これを見聞した人々は「垣屋・滑良が二人して一命を全うしたのみならず、今回の上意の忝いこと。面目の至りかな」と言い、山名時熙を羨んだという。

一色詮範の参戦

将軍・義満は内野口の合戦に勝利し、人馬を少し休息させていた。そこに大内義弘・赤松義則の方から、櫛《くし》の歯を引くように次のような言上があった。「山名奥州（氏清）の氏族が一手となり、二条大宮に攻め寄せてきました。よって数刻支えて攻め戦い、敵味方の討死は数知らず。奥州も自ら七・八度は切って掛かってきたので、義弘も義則も戦い疲れ、今は難儀となっております。御加勢頂きたく」と。

「内野口の軍勢、皆々、難儀しておる。誰を遣わすべきか」と義満が見回すと、一色詮範が「無勢ではございますが、詮範、罷り出て、一合戦致しましょうぞ」と申し出た。義満は大いに喜び「ならば急ぎ参り、戦況を見てこい。治部大輔（斯波義重）も遣わそう」と命じる。詮範の軍勢五百余騎（『内閣』三百余騎）は二条を東へ駆けて行った。それに斯波義重の軍勢五百余騎が続く。大内義弘は「今度は全力を集中させた戦である。下り立っていては敵に遅れる。皆々、馬に乗れ」と下知。赤松義則の軍勢八百余騎（『内閣』七百余騎）も二条猪熊に進み、そこで控える。

そうした頃、山名氏清は子息の宮田左馬助時清と次男・七郎満氏に向かい、語りかけた。「味方の兵、殊の外、気疲れし勢いが衰えている。今日の合戦は難儀となろう。さればまず丹波国に引き退き、分国の兵を集め、匠作（山名義理）を待ち、今一度都に攻め入り、本意を達するべきではないか。しかしこの大勢、一緒になって退けば敵に追撃され、犬死すべし。まず、お前達は同道して四条縄手を桂に向けて退いて行け。氏清は大宮を下り、七条を西に出て、丹波口にて合流しよう」と。

それに対し、左馬助は「どうしてそのようなことができましょうか。火にも水にも一所に御供しましょうぞ」と申し出る。氏清は「さればこそ、お前達は、日本一の不覚者じゃ。敵わぬところを見て討死し、遁れるところを知り命を全うして、後日に本意を達することこそ、仁義の勇者と申すのだ。是非の進退を弁えず、遁れるべきところで犬死をして、敵に利を作るのは血気の勇者といって道に背くもの。若き者に然るべき若党を付けているのは、このような時のため。未練なる者共かな。連れて行け」と息子達を叱り付けた。「さらばともかく、仰せに従いましょう」と心ならずも兄弟たちは猪熊を南へ落ちて行った。その他の兵達も「よき頃よ」と思っていたので、この兄弟に追い付いて我先に落ちて行く。踏みとどまって氏清の最期を見ようとする者が一人もいないというのは、浅ましい有様である。氏清の馬廻五十騎以外はいなくなっていた。

山名小次郎の忠義

山名小次郎氏義という十七歳になる者がいた。先年、和泉国土丸城で討死した山名右馬頭の子息であった。その母は右馬頭の想い人。よって甲斐甲斐しく取り立ててくれる人もなく、但馬国にて母のみが養育していた。それを氏清が近年、呼び寄せたのである。小次郎の人柄は優雅であったので、氏清はこれを猶子として愛した。このような事情があり、今度の戦にも氏清は小次郎を従軍させたという。氏清は息子に「小次郎も連れて落ちよ」と命じたが、小次郎は「もし難儀となり、お腹を召される時、大将の御身近くに連枝の者なくば、恥でございましょう。小次郎は御供仕ります」と氏清と行動を共にすることを告げる。氏清は小次郎を愛おしげに見て、言葉を発しなかった。両眼に涙を溜めて頷いたのみであった。

小次郎は誠に嬉しげに、落ちゆく味方の軍勢のもとに行き「皆様方、もし但馬に行くことあらば、我が母に小次郎こそ大将の御供をして一所で討死したと伝えてください」と言うと、取って返した。

小次郎は常々、人々に「小次郎の父親は既に討死。母に養育され、後々は時衆の僧にでもなるはずであったが召し出されて、御息・連枝の名乗りを許され、一族に肩を並べる身となったことは、奥州(氏清)の御厚恩。この御恩は生々世々にも報じ難い。よって此度の合戦に御供し、一命を落とさん」と語っていた。果たして、氏清と同じく討死し、名を万代の誉に残し、身は黄泉の浪に沈もうという小次郎の所存の哀しさを敵も味方も皆、称賛した。

哀れ！　家喜九郎

さて、一色詮範の子息・右馬頭や小笠原三河入道・大河原長門守・河崎肥前守・河崎帯刀ら五百余騎（『内閣』三百余騎）の幕軍が、氏清の陣に斬り入ってきた。斯波義重らの軍勢五百余騎も二条を東に駆け、猪熊を下り、攻め寄せる。一色詮範と山名氏清は二条大宮にて激突する。両将とも名将であったので、自ら敵に当たり、身を白刃のもとに翻し、激しく戦ったので、敵も味方も一人も生き残らないように感じられた。戦いの中で山口五郎・家喜九郎景政・森下六郎ら五十八騎（『内閣』三十八人）が討たれた。心は勇み立つものの、山名軍は猪熊を南へ、皆散り散りになり落ち行くことになる。

その中で殊更に哀れであったのが、家喜九郎の振舞いであった。家喜は山名中務大輔（氏家）の若党であるが、他の五名の若党（山口五郎・森下六郎・旗津・鹿野・小鴨新三郎）と相談し、次のように話し合っていた。「勝っても負けても、このような世（不定の浮世）に平然と生き、逆徒の名を得て人に見えんも面目ないこと。今度の合戦で討死して、浮き名を世の人々に知らせようと思うのだが、どうか」という家喜。

するとと他の五人もそれに同意し「この六人の中で一人でも討死すれば、残り五人は枕を並べて後世までも傍輩（仲間）の約束を忘れはしない」と八幡宮の鰐口を鳴らして、神水を呑み、契約（約束）したのであった。二条大宮の二度目の戦いで、五人は所々で討ち死にする。家喜一人が生き残り、傍輩五人が一所で討ち死にしたことを知るのである。「わが身の程の不覚」を嘆いた家喜は、二条大路に駆け出して「山名中務大輔の兵で家喜九郎景政と申す者なり。我と思わん人は組んで勝負し給え」と呼ばわるのであった。赤松勢の真ん中に駆け入ったと見えた家喜は、馬を殺され、自らも五・六ヶ所負傷する。太刀を杖について「南無阿弥陀仏」と念仏を唱え、大宮方面に歩いているところを、敵方の山名時熙の兵たちに発見され、討ち取られる。

同書は、無惨なことであったとこれを記す。首となった家喜の左髪には少し切られた跡があった。最後まで同行していた時衆の僧は、それを家喜が女房（東洞院の遊女）に自らの髪を手紙と共に送ったためと語る。家喜は、もし自分が討ち死にしたならばまた遊女に戻れと手紙に書いていた。それを知った女房は十九歳の若さにもかかわらず自らの髪を切り「一筋に思い切りつつ黒髪のかかる乱れの世を嘆くかな」の詩歌と共に使者に託して家喜に送る。それを見た家喜は「心の苦しさから手紙に間違ったことを書いてしまった。今は思い残すこともないので、心安く討ち死すべし」と言い、女房の髪と歌を肌の守りに入れて、翌日、討ち死したのである。「哀なりし事」と同書は記す。

小次郎の死

将軍・義満は大宮の合戦に合力あるべしとして軍勢を前進させた。近習・外様の御馬廻五千余騎（『内閣』三千余騎）は、神祇官の西、二条通へ駆け出し、東西南北、四・五里は響くばかりに鬨の声を三度上げた。その声を聞いた山名氏清の残兵は「おぉ、御所の御旗が近付いてきた」と色めき立つ。軍議の際には「御所の御旗が見えたならば、一騎なりとも駆け入り、討ち死すべし」と言っていた桐野・高山・宇屋・蓮池は四条縄手を西へ向けて逃げ出していた。よって、氏清の周囲には、山名小次郎・山口弾正以下、十七・八騎の他はいなかった。「ここは遁れられぬ。心静かに腹を切る。幕を引け」と命じる氏清。

押小路大宮の小竹のある一村に三引両の幕を引いた。その頃、一色詮範は二条大路に控えていたが、氏清勢を見付けると三十騎（『内閣』五十騎）ばかりで接近してくる。氏清は「これは一色左京大夫であるぞ。半端な敵と当たるよりは、これと戦い討ち死せよ」と言うと、馬を走らせた。雷光の激するごとく戦う氏清。激しくぶつかった二度目の戦いで、左の眉上を長刀で突かれて両目へ血が流れている。そこに一色詮範が駆け寄ってきて、四尺八寸の太刀「泥丸」で、氏清の甲の鉢を大力で打ったのであった。左側に落馬する氏清。馬より下りた詮範の子・一色右馬頭満範は、義満より拝領した太刀「国綱」を手元に引き寄せて、起きあがろうとする氏清の左側の脛当てを切って落とした。立ち上がることができない氏清は西を枕にして臥せる。そこを詮範が泥丸の太刀で、氏清の首を獲るのであった。鬼神の如く恐れられた氏清は四十八歳で、一色父子により討たれた。山口弾正も命の限り戦い、討ち死した。

そうしたところに、山名小次郎は味方の兵七騎と共にいた。しかし五騎は討たれ、二騎は行方知らずとなる。小次郎は敵五騎と戦うが、乗馬は斬り殺され、自身も討たれようとするところに、小次郎の傅役・狩野平五時員がどこからともなく現れる。そして小次郎を自らの馬に乗せ「その人を助けるために、私が乗っている馬に乗せ、時員は討ち死仕る。後日にそう語り給え」と名乗りを上げる。続いて敵二騎を斬り落とし、討死するのであった。小次郎も討死しようと駆け入るが、その時、氏清の最後の念仏の声が微かに耳に入ってくる。戦っていた敵を打ち払い、氏清の方を見ると、氏清は既に討たれて首を獲られていた。（最早、これまで）と思った小次郎は、太刀を馬上より投げ捨て、刀を抜いて、氏清の死骸の上に飛び下りる。

そして「小次郎も参り候」と言うと、氏清の鎧の袖に取り付いて自害しようとした。一色詮範の兵・河崎帯刀は小次郎の首を獲ろうと、その甲を取り投げ、顔を見てみると、艶やかな十五・六歳ほどの若武者であった。河崎は小次郎を助けようとするが、小次郎は死ぬ気でおり、念仏を微かに唱え始める。そこでついに、河崎は小次郎の首を掻き落とすのであった。

小次郎は死の直前、「首を獲って、大将に少しも離れずに討死した者の首と詳しく人に尋ねれば、我を見知るものもあろう」と河崎に語っていた。後に河崎が人に尋ねてみると、自分が討ち取った少年が氏清の甥で猶子として鍾愛された山名小次郎と知るのである。河崎は小次郎の最後の様子を思い浮かべて納得し、より一層哀れを感じるのであった。氏清は男女四十数人の子供を持ちながら、最後まで供をした者はおらず。それもあり、十七歳の若さで、氏清の側で討死した小次郎の行為に人は「志の程の哀れさよ」と感涙を流すのであった。

幕府方の人々の振舞い

『明徳記』は山名方の人々の死を取り上げた後、幕府方の武将らの振る舞いを記す。

将軍・義満に召し仕えていた武田下條は義満の覚えがめでたかったが、奢ったこともあり、追放の憂き目に遭っていた。下條は許しを乞うも容れられず。隠居していたが、この度の合戦で手柄でも立てれば許されるのではないかと思い、勝手に幕府軍に加わり、内野の合戦を「見物」していた。そうしたところで、下條は出雲国の住人・塩冶信濃守を見つける。

塩冶は下條の親族であり、山名満幸の軍勢に属していた。しかし、塩冶は自軍を不利と見てとり、姉婿の下條に降参の「志」があることを内々に伝達(十二月二十七日)していたのであった。下條は「急なことで、すぐに取り計らうことはできない。ただ、合戦の日に思いも寄らず、行き合うこともあると思うので、その時に降参の件を取り計らおう」と返事していた。そうした経緯があり、下條も塩冶もお互いに内野口にて相手のことを探していたのである。山名満幸の軍勢は戦に敗れ、退却しようとしていた。塩冶は馬の急所を斬られ、どうするべきか思案しているところで下條を見つけたのである。塩冶は「これまで相談してきたことも、今となってはもう良い。ここで腹を切る」と言うも、下條は「貴方のことは勲功に代えても助けよう。私の馬の後ろに乗れ」と勧める。
ところが塩冶は大男。甲冑を着て二人が馬に乗ったので、馬が暴れて二人は跳ね落とされてしまう。味方に討たれてしまうところだったが、下條は塩冶に鎧を脱がせてまた馬に乗り、虎口を脱する。将軍・義満の陣に駆け入った下條は、塩冶の降伏嘆願をするかと思いきや「山名播磨守の兵・塩冶信濃守と申す者と戦い生け捕りましてございます。忠賞として、これまでの勘気を解いて頂きたく。いよいよ忠節を尽くします」と言上したのである。

許しもないのに勝手に参じて忠義立てするのを奇怪と義満は感じ、捕われ人の塩冶は侍所の赤松義則に預けられることになった。縄をかけられ、侍所に引き渡された塩冶は「下條に相談し、降参する積もりで参ったのに、戦場で組み伏せて生け捕られたと言われるとは。返す返すも無念じゃ」と人々の前で表明する。

人々はそれを聞いて、下條は情けないことをしたものだと呆れたという。人々の声は義満の耳にも入ったので、下條はいよいよ深い勘気を蒙り、正月二日の暮方に髻を切り入道となった。その後、禅僧の姿となり、泣く泣く都を彷徨《さまよ》うも、行方知らずとなったという。

また「御方」（幕府軍）の軍勢の中で哀れであったのは、畠山右衛門佐基国の兵で能登国の住人・熊来左近将監、高田兵庫允、高田民部丞の三人であった。彼らは在京していたので、内野の御陣に召された。そこで十二月二十八日夜に能登国の老父に手紙を書き、翌日に送る。

その手紙には「我らは奉公の身として在京し、温井入道楽阿に長年、扶持されてきました。よって、今度の戦で討死して弓矢の名を子孫に残し、引き立ててくれた人の面目になればと思い定めています。もし、討死の功績により一村の安堵を得ることができれば、弟たちの中でも才能のある者に跡目を継がせて下さい。もし討死したと聞いても、人間不定の習いと思って、嘆いて下さるな」などと書かれてあった。彼ら三人は、十二月晦日の朝、枕を並べて討死した。その下人らは、戦場から能登に馳せ下る（到着は正月四日）。三人の手紙が、彼らの老父のもとに届いたのは、正月五日のことだった。息子の手紙を読んだ老父の嘆きを晴らす方法はなかった。父らは息子の手紙を持って都に上り、形見の手紙を読んでは悶《もだ》え悲しんだのである。その姿に、縁なき道行く人々も涙に咽んだのであった。

山名氏清の批判

次に『明徳記』は山名氏清を非難する。分国の寺社・本所領を押領し、寺官・社官を殺害し、商家・民屋を追捕し「悪事をのみ振舞」ったと弾劾するのである。更には「今度の大逆」（明徳の乱）を企てたことを「短慮」と評するのであった。氏清の行いを「天」が許さなかったために、伊勢神宮の本宮、神祇官の前で死んだとまで述べている。明徳元年（一三九〇）、美濃国で土岐康行の乱があり、幕府方の勝利となったが、それを伝え聞いた氏清は「土岐の者共は未熟であるので敗れたのだ」と言い放ったという。

昨日は他国の愁《うれ》いを聞き、今日は自らが攻められるに当たって、今日明日に滅ぶとは誰が思ったであろう。敗れた土岐康行は許しを乞うため上洛し、今度の「内野合戦」（明徳の乱）でも戦功があった。そもそも土岐の人々が退治されたのも、康行の舎弟・伊予守満貞が要因だったという。満貞は兄の康行の代官として在京し、美濃・尾張国の支配や「一家の惣領」の地位を狙っていた。そうした時、満貞は従兄の土岐詮直（妻は従兄にあたる康行の娘）を「上意を蔑ろにしている」と将軍・義満に讒言する。

よって、義満の詮直への心象は悪くなり「宮内少輔（詮直）を退治あるべきか」とまで思うようになる。詮直はこれを伝え聞いて「上意として御不審を蒙ったならばどうしようもない。満貞の讒言により所領を失うことは無念至極。満貞と一合戦して無念を晴そう」と考えた。そうしたところに満貞が尾張国守護職として下向し、尾張国黒田宿において合戦となった。それ以降、度々、合戦が起こるも、満貞は敗れて逃亡したとの噂であった。人々が皆、満貞を嘲笑しているところに内野合戦が起こったので、満貞は二度目の大宮合戦にて一番に駆け入り、散々合戦したと御陣（義満の陣）に参って言上したという。更には「自分の馬も切られ、敵首を取った」と自称する。ところがそれは、敵の傷付いた馬を盗み、味方が捨てた首を拾ったものだった。あることでもないことでも「天下に風聞」したことは満貞の「不運」だと同書は記す。

山名氏清や山名上総介・山名小次郎の死骸は、戦場の路辺に散り乱れて、懇《ねんご》ろに供養する人もいなかった。そこで善応寺の正範禅師は、十二月晦日の晩に義満のもとに参じて「お許しを得て、取り納めたいと思います」と言上する。その願いを義満は聞き入れた。よって、禅師は戦死者の死体を取り納めて「一片の煙」としたのである。その様を見た人々は「心あるも心なきも　敵も御方も」無常を感じ「哀れと」言い合ったのだった。

方々の責口で討死したのは、幕府方は二百六十余人、山名方は八百七十九人だったと『明徳記』は記す。しかし、「諸国の侍武者以下の討るる事は更に数をしらざれば」とあるので、戦死者の数はもっと多かったであろう。広き洛中は、人馬の死骸で満ち満ちたのである。

明徳の乱はわずか一日で終わった。将軍・義満は内野の戦場から堀河の陣へと帰る。そこに山名氏清・小次郎の首を進上したのは一色詮範であった。首を見た義満は「天の許しなき謀反を起こした者の末路を見よ、人々」と言った。義満は涙を浮かべて、哀しみの表情だった。庭上に満ちている諸大名・諸軍勢数百人もまた鎧の袖を濡らした。明けて明徳三年（一三九二）正月一日、義満は一色氏の堀河の邸から室町殿へ還御した。天下は泰平となり、人は皆、万歳を唱えて、めでたい年の始めを迎えた。『明徳記』中巻の内容はここまでである。

義満の褒賞と満幸逃亡

ここから紹介するのは『明徳記』下巻の内容となる。明徳三年正月四日、内々の評定があって、国守や領主が欠けたままになっている国（闕国《けっこく》）を諸大名に与えた。畠山基国は山城国、細川頼元は丹波国、一色満範は丹後国、赤松義則は美作国、大内義弘は和泉・紀伊両国、山名時熙は但馬国、山名氏之は伯耆国、佐々木高詮は隠岐・出雲二ヶ国を賜った。また、一色詮範は「小国の微貢よりは、大庄の恩補《おんぽ》が良い」と、若狭国税所今富荘を軍功の賞として宛て行われる。

晦日の合戦に敗れ、落ち行く人々の中に、山名満幸がいた。満幸は丹波路を目指して落ちて行ったが、大江山麓において、家臣の末広入道は満幸に次のように言い縋った。「入道が制止するのも聞かず、道義に叶わぬ合戦をして、士卒が討死するのを見捨てて、どこに落ち行くのですか。悪評を天下に広め、肩身の狭い思いをするよりは、引き返してくださ れ。入道は老体ではありますが、御供しましょう」と。しかし、満幸は入道の方を見向きもしないで、馬に鞭を当て、先を急ぐ。同書はその有様を「見ぐるしかりし」と記す。入道は「是非なし」と思い、大原野の奥の僧のいるところに馳せ入り、出家したのであった。

満幸は丹波国に馳せ下り、同国の木津細懸の城に立て籠もる。「討手の下向を待つべし」と評定を行うも、国人は一人も出て来なかった。結局、地下人らが心変わりして、満幸を討つ支度があると聞こえたので、主従十二・三騎で伯耆国まで落ち行く。満幸は「私は伯耆国に城郭を拵《こしら》え、立て籠もる。塩冶駿河守は出雲国に馳せ来て、富田の城に立て籠もる。寄せ手の京都の軍勢が攻め寄せてきたならば、両国の味方を合わせて、今度の復讐《ふくしゅう》をする」と言ったので、主従は散り散りとなった。

山名氏清の子息・宮田時清とその弟・満氏は五十騎ほどで丹波国に落ち「畑の城に籠もるべし」と一日談合する。だが、国人や地下人が悉く背き、近年、氏清に遺恨があった酒内・山内・大苧・村雲らが挙兵し、寄せ来たると聞こえたので、畑の城を放棄する。兄弟は摂津国の有馬の出湯の奥で出家した後、尼崎に潜行する。尼崎では海人の小船に乗船し、伯父の山名義理がいる紀伊国に向かう。ところが義理は「目の前で父が討たれるのを見捨てて来る不覚者を、親類だからといって許容する子細なし」と言い、対面しなかった。兄弟は泣く泣く彷徨い、熊野へ行ったと言う。

山名氏清の妻は、和泉国の境にいた。妻は、正月一日の昼頃に夫・氏清の戦死と敗北を知る。最初、人々は敗報を信用しなかったが、氏清に従っていた時衆の僧侶や宮田左馬助の使者も同様のことを告げたので、疑うべくもなかった。氏清の妻は夫の死を聞き、自害しようとするが、世話人も周囲の人も「出家し、菩提《ぼだい》を弔《とむら》うべし。敵が近付いてくる前に、ひとまずここを立ち去るべし」と勧める。妻はそれを聞き入れなかったが、人々は輿に妻を乗せて、土丸へと急ぐ。和泉国日根野に着いて休息している時、人々が輿の御簾《みす》を開けて見ると、何と妻は刀で自害して臥っていた。

「これはどうしたことか」と人々は慌て騒ぎ、輿を村に運び込む。妻の自害はまだ半ばであって、事切れてはいなかった。「こうなっては如何しよう。土丸の城にはやがて敵が攻め寄せよう。ならば紀伊国の根来に入るべし」と、人々は正月四日の暮れに妻を根来へと運ぶ。よく労われば助かるはずであるが、薬ばかりか湯水さえ飲まないので、療治の力なく、時を待つしかなかった。

そうしたところに、宮田左馬助入道と舎弟の七郎は、母が自害半ばで根来に来ていることを知る。正月七日の暮れに忍んで、母を訪ねてきたのであった。御台（氏清妻）の世話人に「御かまの御方」という女房がいたので、兄弟は彼女のもとを訪れ「今度の合戦にて、敵味方に押し隔てられて、殿の御供ができなかったのは口惜しい。浮世に住む面もない」と言い、兄弟共に出家したことや、恥ずかしながら母に面会したいことを告げる。女房は御台の御前に参り、御台の子供達が参っていること、子供達が無事であるのは「御嘆の中の御悦」であること、面会すれば心が慰められることを言上する。しかし、御台は少し見上げた目を塞ぎ、顔を振り、涙ながらに、戦場で父を見捨て出家した子供達を嘆かわしいと言い、対面を拒否するのであった。兄弟は母の言葉を知り、それも尤もと思い、正月八日の暁に根来を忍び出るのである。

その後、彼らは伯父・山名義理のもとに行ったとの噂である。御台は自害した上に湯水を飲まなかったので、正月十三日の暮れに亡くなってしまう。御台の世話人や女房たちは御台の死を嘆き悲しみ、ある者は吉野川の深き瀬に身投げする。その女房の中には、宮田左馬助の御台もいたとの噂もあり、いよいよ哀れなことである。「御かまの御方」も身投げしようと思ったが、御台から後事を託されていたので初七日の追善に、十八歳の春の始めに髪を剃り、出家した。その後、彼女は嵯峨《さが》の辺りに住まいつつ、菩提を弔ったという。

塩冶駿河守の切腹

さて、佐々木高詮の代官・隠岐五郎左衛門尉は出雲国に発向した。山名満幸の代官・塩冶駿河守が富田の城に立て籠り、討手の下向を待っていたのだ。しかし、国中は悉く幕府方に馳せ加わり、今は城中に塩冶の一族三十余人の他はいなかった。どうしたものかと相談しているところに、隠岐五郎左衛門尉は、上の卿入道に使者を遣わして次のように申し入れた。「当国は再び京極方の分国となったので、年来の望みは達しました。また、貴方との先年の誼《よしみ》は忘れてはいません。また、天下がこうなったからには、まず開城してこちらへ出て来てください」と。

上の卿入道は案じて、子息の塩冶駿河守に「我は既に老体であり、余命いくばくもない。一家の弓矢のことは子孫に伝えて、然るべきようにあい計らうべし」と伝える。それに対し、駿河守は「御身（貴方）は先年久しく京極被官でございましたので、今は晴れやかな想いでございましょう。それがしは、播州（満幸）に久しく奉公してきました。今、満幸を捨てて父子が一度にその敵となることは人聞きも良くありません」と父には佐々木（京極）方への降伏を勧め、自らはしばらく満幸方として戦う意志を表明する。

上の卿入道は主従二十七騎にて降伏した。そうしたところに駿河守の中間が一人、入道のもとに駆け付けて「駿河殿、入道殿を見送ったまま、城に帰らず、麓《ふもと》の浄安寺にて切腹されました」と知らせるのであった。入道は「思い当たるところあり」と言うと、鞭を上げて麓まで馳せ行く。そして事の子細を尋ねる。駿河守は寺の僧に向かい「入道が降伏したからには、京極方へ向けて弓引くは父子敵対の身となろう。また父子が一所にて播州を討てば、主従無順の名を得て、八逆の咎は誠に重い。よって、身を報じて、泉下に忠義を守るべし」と語り、今朝辰刻に腹切ったという。

また兵庫助、若党三人、中間一人も駿河守と共に腹を切ったのである。入道は悶え悲しみ、自分も腹を切ろうとするが、人々が押し留めた。こうして一戦もせず、出雲国は平穏になったのである。塩冶駿河守と共にいた一部の人々は、伯耆国へと走り、山名満幸に前述の経緯を伝えた。それを聞いた満幸は「当家の運はこれまでじゃ。今は当国の城も恃みとすることはできぬ。敵に押し寄せられて犬死するよりは、因幡国に行き、中書（山名中務大輔氏家）と合戦の相談あるべし」と言い、主従二十三騎で急いで因幡国青屋荘まで落ちて行く。

満幸の末路

山名氏家は幕府方で忠節を尽くす所存もあったが、因幡国の守護代・入澤河内守の勧めのために山名氏清方となっていた。よって、戦の最中も機会あらば幕府方に参じることを考えていた。合戦の翌日には「一戦には及んだが、先非を悔いて参じたい。助けて頂ければ、恐れ多いことにございます」と頻りに嘆願したので、将軍・義満は宥免を決める。氏家は入澤の計略により「身を失」ったこと、今度の合戦で穏便に振舞ったことなどが考慮されたのだ。氏家は鞭を上げ、上洛しようとする。

が、満幸が因幡国青屋荘に来て、氏家上洛の際には攻撃しようとしていることを聞く。氏家は上洛の延引と、満幸と「一合戦」し、帰参の名誉とすることを望む。氏家の兵七百余騎が既に出立したと聞いた満幸は二月十八日、青屋荘において剃髪染衣の姿となる。その後、五人を引き連れて、九州方面に行ったと噂があったが、行方知らずとなった。

満幸はその後、僧体で都と田舎を往来していたが、明徳四年（一三九三）の冬、出雲・伯耆国に進出して挙兵するとのことであったので「また、天下の一大事が出来した」と都鄙の人々の目を驚かせた。同心した満幸の舎弟・山名十郎ら主従五人は、商人に変装し、美作国を目指す。その途上、播磨国御着の宿にて、赤松氏の者に捕らわれ、主従五人は切腹する。彼らの首は都に送られた。満幸に与する者達もこれは敵わぬと離散し、挙兵計画は頓挫する。満幸は伯耆国に落ちてからは、東国に行き「修行」して歩いた。満幸は「荒入道」を五・六人伴い、髪を剃り衣を着ながらも、武具を離さなかった。彼らは諸所で乱暴な振る舞いをしたので、危害を加えられ、命の危険に晒されることもあった。

応永五年（一三九八）の春、彼らは都に上り、五条高倉辺りの小屋を宿とし、一日・二日を過ごす。だが、そのことが将軍・義満に伝わる。義満の命令を受けた佐々木高詮は三月十日の白昼、小屋に押し寄せ、満幸らを討つのであった。『明徳記』はそれを「いたはし」（気の毒）と記す。満幸主従の首は御所に送られた。義満はその首を見て「先年の内野合戦の時、奥州（氏清）と共に討死しておれば、奥ゆかしいものを。流浪した末に、所も多きに都にて討たれるとは。天罰の思いがけないことよ。四条の道場に首を送れ」と語る。四条の聖は甲斐甲斐しく鳥部野《とりべの》の道場にて、満幸主従を取り納めたのであった。

山名氏家は二月二十六日に上洛する。宥免された氏家は、義満と対面しても「わが身の振る舞いの面目なさ」を思い、ただ涙に咽んで退出したのである。

山名義理の逃避行

こうして中国・西国は悉く平穏になった。今は紀伊国に山名義理が一人あるのみであった。義理は内々に義満に許しを乞うていたが「不義は氏清に比す」との義満の判断により、宥免されなかった。二月十三日、大内義弘は「義理を退治すべし」と都を立ち、和泉国に馳せ下る。そして、西国の兵船数百余艘に分国の兵を乗せて、すぐに紀伊に攻め寄せた。義弘は和泉の境から軍勢一千余騎を率いて出立した。

義理は紀伊国大野にいたが、舎弟の草山駿河守に美作の軍勢を添えて七百余騎を和泉国の雨山・土丸に立て籠らせる。「今度の都の戦に敗れて、天下の嘲弄を得たのは、氏清と満幸の武略が足らなかったからだ」と義理は常々言っていた。そうした時、赤松義則が播磨・備前国の軍勢三千余騎を三手に分けて美作国に攻め入る。よって、雨山・土丸に籠る山名方の美作勢は心変わりして、白昼に土丸の城を出て降伏した。雨山は無勢となって戦をする力もなくなる。草山駿河守は藤代に落ち延びた。これにより紀伊国の軍勢も大内軍に悉く降った。義理の軍勢も日々減じ、百騎にも満たなかった。義理は敵が攻め寄せて来る前に女性や若き人々を落ち延びさせる。二月二十三日に軍議があり、その席で義理は「敵が紀の河を渡るところに馳せかけて、一合戦して討死するより他はなし」と宣言する。

しかし草山駿河守は「士気低い味方が甲斐甲斐しく一合戦できるとは思われません。しかも当国の国人、悉く敵となっております。犬死するよりは、ここから船に乗り、海賊・梶原と共に熊野に行かれては如何。その後、京都に再び嘆願するか、それが叶わなければ、身を隠している味方を集めて、今一度、本意を達するのが弓矢の道かと存じます」と提案する。その座の人々もそれに同意した。

二月二十五日の暁、義理ら六十三人は干潟の裏より大船にて海上に漕ぎ出す。一行は翌日の暮れに由良湊に到達した。義理らは順風を待ち、東国（鎌倉）に向かうか、備後に向かうか評定する。だがそれを聞いた船人は梶原を呼び「一日・二日の御用かと思えば、中国か東国へ向かうとの御内談。清水や三浦の者共は、この船一艘を献じた罪により、親類妻子が悉く商売の道を失って長く困窮します。如何しましょう」と嘆く。

梶原は「私も思案している。しばらく待て」と答えるが、その話を聞いた高山上野守は義理に「心も知らぬ舟人ばかりを恃むのは不都合でございます」と提言する。義理は陸へ上がり、相談することを命じる。内談では「山伏姿となり熊野に赴くべし」「高野山を経て上津山を越えて、南朝に参ずべし」との見解があった。義理はいずれも採らず「まず由良の寺に参り、心地上人が御草創の霊地にて結縁すべし」と言うと、舟人に暇をやり、由良の興国寺を訪問したのである。

寺を訪れ、長老と対面した義理は出家の意思を告げる。長老は義理らを哀れに思い、涙を流した。二月二十八日、五十六歳の義理は出家し、子息の中務少輔を始めとして二十七人がそれに続く。

彼らは行脚し、伊勢国を訪れて伊勢の太神宮に詣《もう》でるのであった。伊勢では馴染みの御師（寺社へ参詣する者や信者の為に祈禱・案内をし、参拝や宿泊などの世話をする神職）が義理らをもてなす。御師は涙を流し、義理を招き入れ、労った。御師は明徳の乱直前に伊勢で起きたことを語り出す。十二月十五日は、伊勢神宮の祭礼日であった。ところがその日に限り、神饌《しんせん》として供える海藻も神杯に使用する三角柏の葉も入手できない。禰宜《ねぎ》・神人らが神殿に参籠してみると、禰宜の一人（荒木田定隆）が老翁の夢を見る。

夢の中でその老僧は神饌が入手できない理由を「近日、逆臣が都を襲うから、六十余州の神々は都に影向し、天下の安静、武運長久を守るようにとの触れが八幡神よりあった。諏訪・住吉神を先鋒として神々は悉く都に向かった。よって当社でも神の留守中は祭礼も神饌も必要ない。神々が加勢したからには、凶徒の誅戮《ちゅうりく》に時間はかからない。天下はすぐに泰平となるだろう」と語った。さらにその禰宜が来年三月に死ぬことまで予告した。

夢を見た直後に明徳の乱が起こり、禰宜も明年三月十七日に苦しまずに急死した。御師の話を聞いた義理は「今度の合戦は、仏神の罰し給う上は行く末とてもたのみなし」と悟り、御師に別れを告げると、再び旅に出た。大宮の合戦の時、神祇官の辺りに白鷺三羽が飛来し、山名氏清の陣の上を南へ向けて飛び去るのを見た人がいた。やがて氏清が敗れて命を失ったのは「伊勢の御影向」であり「神戦の奇瑞を顕し給ふ」と『明徳記』は記す。

『明徳記』の終幕

都においては、細川常久が病死する(明徳三年三月二日)。これにより、義満の八幡宮参拝は延引したという。さすがの義満も常久の死に慌てた。葬送の日は悲嘆の顔で嵯峨まで赴いた。その様を見た人々は「(義満の)幼少の頃から奉公された忠義をお忘れにならぬ有り難さ。(常久も)草の陰からも忝く思っているであろう」と袖を濡らした。常久の弟・頼元は兄の臨終の様を義満に語った。臨終の間際に常久は、上意を蔑ろにする山名一族が天罰を蒙って滅亡することを見ることができたのを「所願成就の思」いと述べたという。

さて、友人の如く、年久しく仕えてきた常久の家臣・三島入道は普段より「もし武蔵禅門（常久）が亡くなったならば、一日も遅れることなく御供する」と語っていた。常久の死を聞いた三島入道は、勘解由小路朱雀の道場に参じ、聖より十念を受ける。その後、道場の傍らにある古き御堂に立ち寄り、念仏を唱え「腹十文字にかき切て、刀をのどにつきたてて」手を合わせつつ、死んでいく。その振舞いを聞いた人々は感涙を流した。

義満は相国寺において、明徳の乱における敵味方の戦死者の供養を行った。内野大宮の戦場跡で、夜々「修羅闘戦の声」が聞こえ、戦死者が「怨害」を含むのを哀れに思った人々の声を義満は聞いたのである。「仇を恩をもって報ずべし」との考えもあった。その後、義満は理非を糺決《きゅうけつ》し、賞罰を新たに行ったので、国土に恨みを持つ人はなく、諸国には晴れやかな顔の者が多くなった。めでたしめでたしと言うことで『明徳記』は幕を閉じるのである。

終章

明徳の乱の諸相

『明徳記』の成立について

明徳の乱の顚末を描いた軍記物語『明徳記』の内容の詳細を前章で見てきた。では、同書は何のために執筆され、成立年代はいつなのであろうか。『明徳記』(陽明文庫本)の巻一の巻末には奥書があり、そこに同書成立の由来などが記載されている。まず、作者は同書を「末代記録」として執筆したと言う。これは「後世に残すための歴史資料、記録」という意味である。

しかし、昭和十六年(一九四一)に、『明徳記』の陽明文庫本＝近衛家伝来本を発見・紹介した国文学者の冨倉徳次郎氏が既に指摘されているように「末代記録」というのは「単に歴史的事実の記録」という意味ではなく「事実に即しつつ筆をとりつつも、その執筆の態度は飽く迄も語物《かたりもの》としての立場に立ったもの」(『明徳記』解題、岩波文庫)との見解もある。忠実な歴史記録ではなく、語物(筋のある物語を節をつけて語る芸能)、文芸としての要素も濃厚と主張されたのだ。「史実」とは異なる『明徳記』の内容は後で見るとして、同書の成立についての話を続けよう。

明徳の乱を「末代記録」として執筆せんとした作者は、合戦の後日、その詳細を「承及」(目上の人の言葉を謹んで聞く)んで、内容を書き溜めておいたようだ。するとその書物が諸方で書写され「明徳記」と名付けられて、写本が複数成立していたという。ところが、作者曰く自身が「短才愚慮之上、卒爾之間」（才能乏しく、愚かで軽率）だったので、文章表現が悪かった。そこでわずかではあるが、数箇所を修正、書き直した。それが、奥書の記述に拠ると「応永三年五月日」のことであった。応永三年は一三九六年、明徳の乱（一三九一年）から五年が経過している。ちなみに陽明文庫本は「作者自筆本」を書写したものを、更に文安五年（一四四八）四月中旬に書写したものだ（上巻末尾・巻三巻末の奥書）。

書物を修正したとの一文に続いて、作者が述べているのは、『明徳記』は「人々の進退や入カド（入門）のことは、自身（作者）の与り知るところではない。そのことは、皆さんも予てよりご存知のことと思います。よってご容赦頂きたい」ということである。作者が言う「進退」というのは「所領や所職の宛て行いや没収」のこと、「入門」は「審理を省略した正邪の判断」のことである。軍記物語というと、現代の我々から見れば歴史を知るための書物、文学作品のイメージが強いが、当時の一部の人々――つまり武将――にとっては、そんな悠長なものではなかった。軍記物は軍功の資料として認識され、利用されていたのだ。「人々の進退や入門のことは、自身（作者）の与り知るところではない」との『明徳記』作者の文言からは、作者が武将たちから、「自身や一族の軍功をもっと描いてほしい」というような何らかの抗議などを受けていたことが想像できる。

陽明文庫本の「巻二」の末尾には「応永三年七月日云々」との奥書がある。前述したように「巻一」の巻末には「応永三年五月日」との記載があるので、『明徳記』の作者による改訂には、一巻に大体二ヶ月の時間がかけられていたことが分かる。『明徳記』は、作者自らが改訂したことが分かる極めて珍しい中世軍記なのだ。

では『明徳記』の作者は、初稿本をいつ頃に完成させたのだろうか。同書において、年次の最も新しい記事（内容）は、明徳三年（一三九二）四月二十五日の将軍・義満による「御沙汰始」（巻第三の末尾）である。よって同書は同年五月以降、間もない頃に成立したと推定される。

『明徳記』作者の謎

それでは『明徳記』の作者は一体、誰であろうか。残念ながら、同書の奥書などには作者名は記されていない。よって、その作者については昔から推測が重ねられてきた。冨倉徳次郎氏は同書の作者を「恐らくは将軍義満に近侍した者」と推定し、その理由を本文内容に帰している。同書を一読すれば分かるように『明徳記』は基本的には義満や幕府の側に立った視点から叙述されている、というのだ。そして、冨倉氏は推測を一歩進めて、作者は「物語僧」の位置にある者ではないかと述べる。同書が語物、文芸としての要素があることは前述したが、冨倉は『太平記』よりも『明徳記』の方が物語僧による語物として相応しいとまで論述している。

実際、『明徳記』は物語僧により語られており、それを示すのが伏見宮貞成親王《ふしみのみやさだふさ》の日記『看聞御記《かんもんぎょき》』(応永二十三年=一四一六年七月三日条)の「先日、物語僧又被召語之、山名奥州謀反事、一部語之、有其興」との記述である。

ちなみに『明徳記』の作者が物語僧ではないかという推測は、既に昭和六年(一九三一)の段階で藤田徳太郎氏が「中世文学の一観点」(『歴史と国文学』)で行っている。

話を戻し、冨倉氏の見解を総合すると、義満に近侍した同朋衆(将軍や大名に近侍して、芸能や雑事に携わった僧体の者)と言うことができよう。

『明徳記』の作者の候補として、戦前より、その名が挙がってきたのが「時衆《じしゅ》」である(村田正志「明徳記考」)。時衆とは一遍《いっぺん》を開祖とする、鎌倉時代末期に興った浄土教の一宗派の僧侶である。『明徳記』には戦陣に従い、武将たちの最期を見届け、供養する時衆の僧侶が度々登場しているが、そうした僧侶が同書の作者ではないかというのだ。こうした考えは戦後にも引き継がれて、角川源義（実業家・国文学者）も「山名氏一族の亡霊供養譚としてまず時衆の手にかけられ、この念仏聖の口の端にのぼったのが、明徳記の初期の形であった」（「明徳記の成立」）と論述している。

将軍・義満に近侍した者、物語僧、時衆との諸説が出る中で、新たな作者像を提示したのが、国文学者の和田英道氏であった。和田氏は作者に「時衆」を想定しつつも『明徳記』は時衆という宗教的側面からのみで説明できるものではないと言う。

和田氏は同書の中心となるのは宗教的要素ではなく武士的要素であるとして、作者は武士ではないかと主張されたのである。武士とは言っても、和田氏は義満近侍の武士を想定していない。守護大名の家臣で在京しており、相当な情報を得ることができる武士ではないかとしている。その上で、同書に名前が見える「温井入道楽阿」こそ、それに適合すると想像された。もっとも和田氏は、作者を「温井入道楽阿」と断定しているわけではなく「温井入道楽阿的な人物」が作者ではないかとされている。

楽阿とはどういう人物か。明徳の乱に参戦した能登国守護・畠山基国に仕えた同国住人に熊来左近将監・高田兵庫允・高田民部丞らがいたが、彼らは合戦の前日にそれぞれの老父に覚悟を記した手紙を書き送る。三人は翌日の内野合戦（明徳の乱）で戦死するが、彼らの手紙は後日、能登の老父に届く。その手紙の中に、在京時の三人を長く扶養した人物として楽阿の名が見えるのである。息子の死を知った老父らは、息子の手紙を携え上洛し、内野の戦場跡で悲嘆に暮れるのだが、和田はこの逸話を、登場人物の名・相互関係・場所の具体性から「おそらくは実話に基くものであろう」としている。

温井氏は能登国七尾に土着した国人であり、畠山氏の家臣であった。また、入道が扶持していたという熊来氏や高田氏も同郷の士と推測されている。そういったところから、熊来や高田の老父達が息子の遺書を持ち、京に上り、温井入道を頼ったという推測も成り立つ。和田氏は、熊来や高田に関する同書の逸話が老父ではなく、温井入道から出たとしている。

更には、温井入道は「楽阿」という阿弥号から時衆であったと考えられている。戦国時代において、温井氏は文芸の素養もあったとされるので、和田は温井入道こそ「熊来・高田の事」を書き記す人物に最も相応しいと主張されたのであった。『明徳記』における畠山氏に対する好意的な叙述も、温井入道のような畠山氏内部の者によって同書が執筆されたとする和田氏の論拠となっている。

しかし、砂川博（相愛大学名誉教授）はこの和田説に反論している（同氏「明徳記と時衆・

再論」)。砂川氏は、戦国時代の温井氏が文芸的素養を持っていたからと言って、それが室町期の温井氏(温井入道)にまで及ぶものかという疑問を寄せられていた。

更に砂川氏は、同書における畠山氏の筆致がそれほど好意的ではないと主張し「畠山氏関係の被官人に作者を求めなければならぬ必然性はない」と結論されるのであった。

では、砂川氏は同書の作者に誰を推定しているのか。砂川氏は「作者に足る人物」「作者像の面影」を山名修理大夫義理に求めている。義理没落の物語が『明徳記』下巻の過半を占めることに見える作者の山名義理への強い関心、同書が義理に好意的なこと、行方知れずとなった義理が時衆教団に身を投じた可能性。そうした諸々を考慮して、砂川氏は「義理を作者だと断定するつもりはない」としながらも「反乱者の一人として生き残り、遁世者の群れに身を投じた義理が、明徳の乱の顚末を懺悔の意味を込めて語り得る立場にあったとみることは、許される想像であろう」と述べるのである。

以上、見てきたように『明徳記』の作者については確定していないが「義満近侍の者」「時衆関係者」というのが、定説と言えるであろう。筆者は和田氏のように畠山氏の被官が作者とは思わないが、守護大名の家臣で在京していた武士、それも文芸的素養がある武士が作者である可能性は高いと感じる。同書は将軍・義満側の視点に立って基本的に叙述されているが、本文を読めば、山名氏側にも相当の同情が寄せられていることが分かる。そうした意味で、和田氏の「作者は将軍義満側に属していながら、守護大名山名氏の滅亡を他人事として拱手《きょうしゅ》傍観できなかった武士であり、なおまた、相当の情報を得られる程度の人物」との見解は的を射ているように思う。またその武士が時衆だった可能性もあるだろう。

ただ、畠山氏の被官を作者に推定することは『明徳記』の記述からはできない。前にも少し触れたように、畠山氏への筆致が他の大名に比べて特段好意的とは感じられないからだ。例えば同書において、畠山氏よりは大内義弘の奮戦（そして義満からの褒賞）が特筆されていることは一目瞭然である。好意的筆致というならば、細川常久（頼之）は管領職にあり「天下悉帰伏シテ権勢万人ノ上ニ立」ち、将軍・義満にも信頼されて「理民安世」になったと評されている。これは、細川氏への賞賛と見て良いであろう。好意的に描かれているのは細川氏のみではなく、一色詮範もその武勇を称賛されているから、好意的筆致云々ですぐに作者に結び付けるのは早計であろう。

また、筆者は、砂川氏が主張されるように山名義理的な人物を作者に擬することもできない。作者が義理に関心を寄せていたことは確かであるが、義理に懺悔の気持ちがあったとしても、命を賭けて敵として戦った幕府（義満）の治世をあれほど賞賛できるのかという疑問がある。また、義理は氏清方に属していたわけであり、行方知らずとなってから、幕府方の合戦動静についてそれほど詳細な情報を得ることができたであろうかという疑問もある。勝者である幕府方にあって、諸大名の被官などとも幅広い交友関係にあり、乱後、都に入ってくる山名氏に関する噂を含む様々な情報を入手できた人物。そして『明徳記』を執筆できるだけの文芸的素養を持つ人物。誰々と特定できるわけではないが、筆者はそのような人物が『明徳記』の作者であったと推定している。

『明徳記』の中の虚構

『明徳記』は、その作者が「末代記録」として執筆したとは言っても「史実」そのままを記録した作品ではない。同書には「虚構」も含まれている。まず、同書は冒頭と末尾で、管領の細川常久（頼之）について触れている。

上巻冒頭付近には「細川常久は、四国より中国に押し渡り、備後国を追罰して、その翌年に上洛。管領職に就任したので、天下が悉く帰伏して、権勢万人の上に立つ。御所様（義満）は政道のことは毎事、武州禅門（頼之）に任せると仰せになったので、理民安世の政治が行われた」とある。第一章で見たように、細川頼之は康暦元年（一三七九）の康暦の政変で失脚し、都を追われて四国に下向した。同書に拠ると、頼之はその後、備後国にいた山名時熙・氏之の討伐を行い、武功を挙げて翌年上洛して管領職に復帰し、将軍・義満から政治を委任されたので、安定した政治が行われたという。同書では、頼之が管領に復帰した直後に明徳の乱が勃発し、頼之もまた一族と共に、山名満幸の軍勢を迎撃するため、三千余騎にて中御門西大宮に布陣している。

ところがその後、合戦において頼之の活躍は描かれていない。頼之の軍勢が幕府方の勝利に貢献したとする記述もない。同書が頼之を再びクローズアップするのは下巻の末尾付近で、そこで彼の死が記される。明徳の乱が鎮定され各地が平穏となる中、義満が石清水八幡宮に参詣する準備をしていたところ、細川頼之が「風気」(病)となり、明徳三年三月二日に死去してしまうのである。臨終に際し、頼之は「上意を蔑ろにする山名一族の滅亡を、命がある間に見届けることができて本望だ」との言葉を弟の細川頼元に伝えている。頼之の最期の言葉を頼元を介して聞いた義満は愁傷し、頼之の葬送の際には嵯峨まで出向く。悲嘆する義満を見た人々は、義満・頼之主従の絆の深さに涙するのであった。

同書における頼之の描写の仕方を概括すると、上巻冒頭付近で管領に復帰して義満の信任により政務を執り行い、明徳の乱が勃発すると頼之も参陣する。下巻末尾では乱の鎮定を見届けて病没する、という流れになるだろう。

しかし、これらの描写そのものが虚構なのである。同書では山名氏清の謀反の直前に頼之が管領に復帰したと記されているが、史実において、明徳二年（一三九一）四月に管領に任命されたのは頼之の弟・細川頼元であった。都の情勢に詳しい『明徳記』の作者がそのことを知らないはずはないであろう。恐らく同書の作者は史実を改変して、頼之の管領就任とその政治を称揚しているのである。大森北義（元・名古屋女子大学教授）は、この虚構を義満の山名政策に関わる重要人物として頼之を位置付けようとしたためと見ている。

山名氏と荘園押領

また、明徳の乱鎮定後は諸方が平穏となったという同書の叙述も事実とは異なる。山名氏清が討死し、細川頼之が死去（一三九二年三月）してからも、山名氏の残党による抵抗があったからだ。『東寺百合文書』の「学衆方評定引付」（応永元年＝一三九四年十一月二十八日条）には「山名播州」（山名満幸）が蜂起したとの風聞があったため、同年十一月二十四日、赤松義則が美作国に進発したとある（義則は明徳の乱後、山名義理領であった美作国を与えられていた）。つまり、乱の平定により平和が訪れたわけではなく、これまた『明徳記』

作者による事実の改変が見られる。

大森氏はこれを『明徳記』が「義満・頼之体制のもとで山名圧殺の計画が推進された」という枠組みの中で乱を叙述しているからと考えた。

では、なぜそのような枠組みを設定して、乱を描く必要があったのか。その点を考察されたのが、大坪亮介氏（福岡大学准教授）である。大坪氏は南北朝時代の公卿・洞院公定《とういんきんさだ》が注を付した『仁和寺本聖徳太子未来記』の「永和四年の時分は、武臣頼之朝臣が幼い将軍に代わり権柄を取り、一天が穏やかであった」との記述を取り上げて、「翌年の康暦元年（一三七九）に頼之は一度失脚することになるが、それ以前に管領として義満を補佐していた頃の政治は、同時代人によってこのように高く評価されているのである」とされた。その上で、頼之の管領時代に行われた政治として特筆されるのが「寺社本所所領の保護」だと述べる。

南北朝時代には武士による寺社・本所領（公家領の荘園や国衙領のこと）の押領が頻発しており、その保護が緊急の課題であった。頼之の管領就任の翌年（応安元年＝一三六八年）に発布されたのが、いわゆる「応安の大法」で、そこでは「禁裏　仙洞御料所」（天皇・上皇所領）、「寺社一円仏神領」（寺社領）、「殿下渡領」（摂関家の所領）などの半済《はんぜい》が停止されている。半済とは本来は年貢の半分を納済することを指すが、この場合の半済とは、室町幕府が南北朝内乱に際して、特定の国に対し守護を通じて荘園の年貢の半分を配下の武士の兵粮料や恩賞として給与した制度を言う。応安の大法ではそれが停止され、併せて武士の荘園押領を固く停止するとした。寺社本所領の保護を目的として発布されたのが応安の大法なのだ。

そうしたこともあり、永和年間（一三七五〜一三七九）は「寺社本所一円之沙汰」が「厳密」に「御沙汰」された時代であると後世に認識されている（『建内記』嘉吉元年＝一四四一年十月十二日条）。もっともそれは実効性を伴うものではなく『建内記』において「無力之次第也」と評されてはいるが、それはともかく管領時代の細川頼之の政治として寺社本所領保護が打ち出され、後世にもそのように認識されていたことは分かる。

『明徳記』にも荘園押領に関する記述がある。出雲国横田荘は仙洞（後円融上皇）御領であったが、山名満幸がそれを押領する。将軍・義満は御教書や御内書をそれぞれ数通も下し、満幸の押領を排除しようとするが、満幸はこれを承引しなかった。上意に背いたと義満は大いに憤り満幸の守護職を解くと、不満を抱く満幸は都を去り、その後、山名氏清を説き伏せて兵乱を起こすことになる。

『明徳記』では、満幸による仙洞御領の押領と義満の処罰が乱に至る一つの要因として語られていると言えよう。満幸は幕府への反乱を準備するが、その際に分国の丹後国の「寺社本所領幷在京人ノ代官ヲ悉追出シテ」(寺社本所領ならびに在京人の代官を悉く追い出して)いる。ここでも、満幸は、丹後国の寺社本所領を侵犯したのである。中巻において山名氏清の謀反要因が語られるが、それは氏清の驕りによるものであり、その具体例として分国の寺社本所領を押領し、寺官や社官を殺害し、商家・民屋を追捕したことが挙げられている。またしても寺社本所領の押領が登場しているのだ。『明徳記』は、山名氏の謀反と寺社本所領押領を結び付けて叙述していると言える。もっと言えば、寺社本所領保護を標榜する義満・頼之が、寺社本所領押領という悪事を働く山名氏清・満幸を討伐するという図式になっていると言えよう。

新田義貞と山名氏清

『明徳記』は、山名氏清の挙兵を氏清自身の言葉で次のように正当化している。氏清は石清水八幡宮に着陣するのだが、その時、家臣の小林義繁に次のように語るのだ。「私が石清水八幡宮を崇め、賀茂社を造替してきたのは、敬信の心ばかりからではない。此度の一大事（挙兵のこと）を思い立ってから、祈禱を重ねてきた。また、よくよく考えてみると、新田義貞は先朝（先帝の朝廷。後醍醐天皇による建武政権）の勅命を承り、上将の職にあり、そして天下の政務に携わってきた。その新田氏の氏族として、私が国務を望むのも根拠がない訳ではないのだ。先年、機会があって南朝より錦の御旗を頂戴し、今それが手元にある。今度、この旗を掲げて合戦しようと思う」と。氏清は、後醍醐天皇の建武政権において活躍した新田義貞との血縁関係を持ち出して、挙兵を正当化しているのである。

第二章で触れたように、山名氏は新田氏の庶流である。しかし、『明徳記』以外の軍記物や書物を繙《ひもと》くと、山名氏は必ずしも自らを新田一族と自己認識していたわけではない。『太平記』では山名師氏（師義。氏清の兄）が「我苟クモ大樹ノ一門ニ列ナル身也」と、自身は大樹（足利尊氏）の一門だとの認識を示している。明徳の乱に取材して製作された謡曲「小林」においては、氏清の家臣・小林義繁が山名氏の先祖について「御せんぞにをいては、わづかに上野の守にて御座候ひしが」（御先祖においては、わずかに上野守でござったが）と語っている。

また、前にも取り上げた今川了俊の『難太平記』では、山名時氏（氏清の父）の言葉として「我、建武以来は当御代の御かげにて人となりぬれば、元弘以往はただ民百姓のごとくにて、上野の山名といふ所より出侍しかば、渡世のかなしさも身の程も知にき」と記載されていた。山名氏は「当御代」(足利氏) のお陰で「人」となったのであって、それ以前は「民百姓」のように、上野国の山名に逼塞していたというのである。『難太平記』の時氏の述懐も、足利氏への御恩は述べていても、新田氏との血縁には触れていない。

そうした中、『明徳記』は氏清と新田氏 (義貞) との血縁関係をクローズアップしていると言えよう。『太平記』では、義貞は後醍醐天皇の側近として常に召されて「内裏ニ仕候」していたと記されるが、政治的活動については特に記されていない。義貞が「天下ノ政務」に携わっていたという『明徳記』の記述はオーバーであり、作為的と言えるだろう。『明徳記』と他の文献との相違は他にも見られる。将軍・義満の山名氏清を排除しようとする計画を伝え聞いた氏清は、戦の用意が整わない間に朝敵となっては困るとして、時間稼ぎを目論む (同書上巻)。この一文からは、挙兵すれば自分が朝敵になってしまうという意識が氏清にあることが分かる。同じく上巻で、小林義繁が主君の氏清を諌める場面でも「是ヲ好テ戦功ヲ積ントスレバ、朝敵ノ責自重シテ、一身ノ措ニ処有ベカラズ」との言葉が見える。主君・氏清に従えば朝敵の責めを蒙ってしまうという苦衷の言葉である。氏清のみならず、その家臣も挙兵すれば、朝敵になってしまうと認識しているのだ。

一方、同書においては、足利義満は氏清たちを朝敵と認めようとしない。戦に臨む義満はわざと御小袖を着用せず腹巻を身に付けていたという。御小袖は朝敵を退治する際に着用する「佳例ノ御着長也」であるためだとも書かれている。今回は「家僕ノ悪逆誡メ御沙汰ノ御合戦」（家僕の悪逆を戒めるための合戦）であるから、義満は御小袖を着用しなかったというのだ。ところが、南北朝・室町時代の公家の日記などを見ると、山名氏は朝敵と見做されていたことが分かる。

例えば、三条実冬の日記『実冬公記』（応永二年＝一三九五年三月十日条）には、逃走していた山名満幸が誅殺されたとの記事が載るが、そこには満幸を「朝敵」と記している。また明徳の乱から四十数年が経過した永享十年（一四三八）には、山名氏清の「謀反之時」には「錦御旗」が新調されたとの話が伝わっていた（伏見宮貞成親王の日記『看聞御記』同年九月十六日条）。これは親王の誤聞であるようだが、そうした話が伝わっていたこと自体、山名氏を朝敵とする見方が広まっていた状況を窺わせる。

『明徳記』は、御小袖は朝敵退治の際に着用するものと記すが、これも他の文献を見るにそうとは言いがたい。南北朝時代の歴史書『梅松論』には「御重代ノ御鎧御小袖ト号ス」との一文がある。「御小袖」が足利氏重代の鎧であることが記されるのみで、朝敵退治との関係については書かれていない。南北朝時代の初学者向け教科書『異制庭訓往来《いせいていきんおうらい》』にも「源家相伝鎧」として小袖が挙げられているが、朝敵云々の記述はない。ただ、『後法興院記』(延徳三年＝一四九一年八月二十七日条)には「朝敵」に准じる近江国守護・佐々木(六角)高頼の討伐に出陣する十代将軍・足利義材《よしき》の行列に「御小袖」が唐櫃《からびつ》に入れられて持ち出されたとある。これは御小袖が朝敵退治に絡めて記述されていると言えよう。『明徳記』の内容と重なるところがある。『明徳記』執筆の頃より、御小袖は朝敵退治の際に着用するとの認識が生まれたと推測される。

『明徳記』は、義満の出立ちを述べる箇所において、山名氏清らは家僕であり、朝敵ではないと主張しているのである。同書は氏清と新田義貞を結び付け、氏清を朝敵とは認めていない。これはなぜかを考察したのが、大坪亮介氏である。

大坪氏は『明徳記』の「奥州(氏清)天下ノ望ハ元来心ニ懸給シ上」(元来、氏清は天下への野心を持っていた)、「今度ノ彼等が企ハ、全訴訟ノ入門ニハ非ズ。只天下ニ心ヲ懸ケ(中略)当家ノ運ト山名一家ノ運トヲ天ノ照覧ニ任スベシ」(今度の山名方の企ては、訴訟の入門ではなく、天下への野心からである。当家の運と山名一族との運を天の照覧に任すべし)などの文言から、同書は山名氏と足利氏を対等な敵として位置付けていると指摘する。また「氏清を義満と天下を争うライバルとして描くと同時に、敗北を運命づけられた存在であることも明示」（大坪亮介「『明徳記』における山名氏清と新田義貞」）しており、それは『太平記』が描くところの新田義貞と似ていると指摘する。『明徳記』の氏清は『太平記』が描く義貞のイメージに倣い描かれたというのだ。

『太平記』は、義貞が足利尊氏と対等なライバルであると強調しつつも、尊氏に敗北すべき存在であることも同時に描いているからだ。『明徳記』における山名氏清の描かれ方によって、足利将軍家の優位性の誇示と同時に危機意識も垣間見えるという。

南朝を奉じて挙兵しようとした氏清に室町幕府は危機感を持っていたということである。それは北朝・幕府の南朝への脅威の心と言っていいかもしれない。

満幸誅殺の「虚構」

『明徳記』と「史実」との相違はまだある。同書に拠ると、明徳の乱の敗北後、山名満幸は丹波路に落ち、その後、伯耆国や因幡国青屋荘にまで行き、出家する。そして「応永元年（一三九四）の春の比」（史実では応永二年）に都に潜り込んでいたところを発見され、最終的に幕府方により誅殺される。満幸が都に潜行しているとの情報を得た義満は佐々木高詮に命じて、五条高倉辺りの小家に潜む満幸を討つのである。その際、「白子三郎」という者も満幸と共に討たれたとする。

満幸誅殺については貴族の日記に詳しい。その一つが一条経嗣の日記『荒暦』である。『荒暦』（応永二年三月十日）に拠ると、経嗣はある人の告げにより「山名播磨守」（満幸）が誅戮されたことを知る。そして、後に聞いたことを次のように記している。満幸は、自らの旧臣であった「タコノ某」の旧好を恃み十余日の間、彼の「小家」（五条高倉）にいた。「タコノ某」はその時、侍所の検断（刑事犯を検察し、断罪する）佐々木治部少輔高詮の家臣となっている。満幸に従っていたのは若党十四・五人であった。だが、満幸誅殺の日、満幸はその若党たちの殆どを使者として方々に遣わしていた。「白子弾正」と名乗る者一人だけが、満幸の側にいたのである。

さて「タコノ某」は、昨夜から酒宴を催し、風呂を提供し、満幸をもてなす。更には「タコノ某」は、白子と双六に興じたという。ところが『荒暦』に拠ると、これは「タコノ某」の「謀」（はかりごと）であった。満幸は「タコノ某」の接待により、夜も眠ることができず、疲れ切っていた。満幸が休息したことを確認した「タコノ某」は、人を密かに侍所へと遣わす。そして、佐々木氏に満幸の件を伝えるのである。佐々木氏は「随分勇士四人」

を「タコノ某」の邸に馳せ向かわせ、まずは白子弾正を討つ。次に満幸を殺した。「長刀」をもって両方より刺し、満幸の首を刎《は》ねたのだ。

その頃、「室町殿」（義満）は朝から常在光院を訪問していた。侍所からの報告を受けた義満は急いで室町亭に戻り、満幸の首実検を行ったのである。満幸は剃髪し、山伏の格好をしていた。諸国を流浪していたが、伊勢国から上洛したという。その首は六条河原に晒された。満幸の死によって洛中には死の穢れが発生し、慎みの期間は三十日かと思われたが七日でよいとの沙汰があった。一条経嗣はそれを「不審」としている。

満幸の死について記している貴族の日記には、他に『実冬公記』（応永二年三月十日条）がある。『実冬公記』は、当時権大納言兼右大将であった三条実冬の日記である。同書に拠ると、十日の昼頃、五条坊門万里小路において「山名播州満幸」は殺された。その首と死骸は室町殿に運ばれる。満幸を殺害したのは「京極」（佐々木高詮）であった。満幸の郎党「白子某」も同じく殺されたというが、自殺したとの話もある。満幸の郎党で重恩ある「多賀某」という者がいたが、彼は当時、降って京極の家臣となっていた。満幸は山野に身を隠していたが、その縁を頼り、多賀の家に入る。

多賀は「誓文」（起請文）を提出して、二心がないことを満幸に語ったという。満幸は飲酒し、その後、寝所で寝ていた。多賀は満幸のことを京極に告げる。京極の家人たちは多賀の邸に向かい、帳中にいる満幸を長刀をもって突く。満幸は起きる間もなく頭を取られた。満幸に従う郎党は四・五人であった。満幸主従の首は六条河原に掛けられた。その首は皆、身を隠すためか出家首であった。これが『実冬公記』における満幸誅殺の記述である。

実冬は、満幸殺害を聞いたときの感想も記している。実冬は満幸を、平治の乱（一一五九年）後に家人に討たれた源義朝（源頼朝の父）のようだと述べる。そして、忠ある者も人であり、忠なき者もまた人であると言う。

更に実冬は次のように記述する。先年の「内野合戦」（明徳の乱）の時、土屋を始めとする山名氏累代の家人百余人は一所で戦死した。一方、多賀は主（満幸）の首を取り、恩賞を願う。多賀はすでに五十余、この企てに及んだことは「未曾有事」である。満幸は「朝敵」であったので「天網」が張られていたか。先年、奥州（山名氏清）が戦死した時に逃走し、ついには匹夫の手にかかり死んだことは、悲しむべきことである。

以上が『実冬公記』の満幸誅殺関連記事だが、実冬は満幸を朝敵としながらも匹夫・多賀の手にかかり死んだことに同情している。ちなみに『明徳記』も満幸が討たれたことを

「いたはしけれ」（気の毒だ）と記している。満幸の死を悼む空気が当時あったのかもしれない。『実冬公記』における満幸誅殺の流れは『荒暦』とほぼ同じであるが、『荒暦』の方がより具体的であろう。ただ『荒暦』で「タコノ某」とされた者が『実冬公記』の記述により「多賀某」であることが判明する。

『明徳記』は義満の命令を受けた佐々木高詮が満幸を討ち取ったとするが、貴族の日記を見るに、史実は違うようである。満幸殺害に関して義満は指示を出しておらず、死後に報告を受けたのだ。『明徳記』が指導者としての義満を強く打ち出そうとしたため、同書は義満の指令があったとしたのであろうか。なお筆者の推測にはなるが、当時、義満の命令があったとする話が出回っていた可能性もあり、それを『明徳記』作者が記載したとも考えられる。

『明徳記』は、満幸の首実検をした義満が満幸を「四条の道場へ送れ」と命じたと書くが、実際には満幸の首は六条河原に晒された。これは『明徳記』の虚構の一つであろう。同書は義満を指導力があり、憐れみの心もある人物として描いている。その一方で、滅んだ山名一族を鎮魂する意図も同書には散見される。よって、如上の記述となったのであろう。

「史実」としての明徳の乱

歴史学における山名氏の研究は戦国期に偏っており、南北朝・室町期のその動向や領国の支配実態解明は今後の課題となっている。また、本書のテーマである明徳の乱についても、国文学者による『明徳記』研究は見られるが、歴史学者による乱そのものの研究は不十分なのが現状である。管見の限り、乱そのものをテーマとした論文は見当たらない。また氏清や満幸に関する専論も見られない。研究が不十分な理由としては、関連史料の不足が挙げられるであろう。

しかし、史料不足を嘆いてばかりいても仕方がないので、困難ではあるが、明徳の乱や山名氏清・満幸について、史料を用いつつ、できる限り論述していきたい。

まず、山名氏清の生涯についてまとめてみよう。明徳の乱で都に襲来した山名氏清は、康永三年（一三四四）に、山名時氏の四男として生まれたと推定される。明徳の乱（一三九二年）で討死した時に四十八歳とされるからである。

南北朝動乱を描いた軍記物『太平記』の最終巻（第四十巻）に氏清が登場するが、それは貞治六年（一三六七）三月二十九日のことである。同日、中殿御会（清涼殿で行われる和歌・管弦の遊宴）が行われ、二代将軍・足利義詮も出席するが、その際、「帯剣の役」として「山名民部少輔氏清」が左の傍に従っているのである。氏清の出立ちは濃紫の指貫に、款冬の狩衣というものであった。氏清が二十四歳の時のことである。

ちなみにこの時、摂津能直が「沓の役」、佐々木高久が「調度の役」、本郷詮泰が「笠の役」として将軍に扈従している。応安元年（一三六八）四月、足利義満は元服するが、その次第を記した『鹿苑院殿御元服記』（同年四月十七日）にも氏清は「山名中務太（大）輔」（山名氏冬。時氏三男）の「舎弟民部少輔」として記録されている。この時、時氏・氏冬・氏清は、剣・鞍馬などを献上している。

そして、応安四年（一三七一）八月六日には「山名民部少輔」（氏清）は、南朝方を攻撃するため上洛している（室町幕府に関する記録『花営三代記』）。この時、共に上洛しているのが「山名弾正少弼」（義理。時氏次男）である。他にも、石堂氏・一色氏・佐々木氏・赤松氏などが軍勢を率いて上洛している。

応安四年十月十七日には、幕府の細川頼之は、丹波国守護の氏清に対し、吉田社の社領（丹波国石田本荘内一色名）を「押妨《おうぼう》」する「稲岡以下輩」を排除し、社領を還付することを命じている。また翌月一日にも頼之は氏清に対し、吉田社領（丹波国味間二品勅旨田地頭職）を「押妨」する「中澤一族」を退けて、社領を還付させることを令する。応安六年（一三七三）十二月十九日には、頼之は「山名陸奥守殿」（氏清）に丹波国安国寺領（今西村の半済）を「押妨」する氏清の被官人がいるとして、これを止め、同寺雑掌に還付せよと命じている。その後、氏清がその役目を実行したかは「安国寺文書」からは窺うことができない。

氏清は幕府侍所頭人に任じられるが、その活動が判明するのは、永和三年（一三七七）七月十八日のことである。この日、侍所の「山名奥州」（氏清）は、比叡山の麓にある近江国仏覚寺に押し寄せた「悪党」（強盗）を捕縛したという（『後愚昧記』）。悪党は四・五人が自害あるいは討死したとされる。翌年（一三七八）十一月十日には「山名陸奥守」（氏清）は、軍勢を率いて紀伊国に発向している（『花営三代記』）。細川頼元や山名義理も同じく出陣しているが、これは紀州における「宮方」（南朝方）を討伐するためである。同月二十一日には紀州より飛脚が到来し、宮方が同月十七日夜に「没落」したことを告げたので、氏清らの軍事行動により宮方は短期間で鎮圧されたのが分かる。十二月四日、紀州に発向していた人々は帰京している。

しかし、同月二十日には山名義理と氏清は「南方凶徒退治」のため再び出陣し、同日に淀津に到着している。年が明けて、永和五年（一三七九）正月二十二日には、義理と氏清・

山名時義（時氏五男）は「土丸城」（現在の大阪府泉佐野市土丸）の麓の要害三箇所に攻め寄せている。彼らは同城に籠る南朝方の橋本氏を攻撃し、敵方五十余人を追い落とし、二十余人を生け捕りにした。翌二十三日に城は「没落」（落城）した。『花営三代記』に拠ると、義理・氏清・時義は土丸城落城後も都に戻らず、南朝方の討伐を遂行していた。二月九日には、紀州有田郡藤浪まで打ち入って「湯浅城」を落城させている。同年四月には康暦の政変が起こり、細川頼之が没落するが、『花営三代記』には山名氏の動きは記載されていない。

同書の康暦二年（一三八〇）七月二十日条では「和泉国守護山名奥州」（氏清）が去る十七日の合戦で討ち取った「橋本以下賊首」（十一人の首）を都に送ったことが分かる。その後、同書に氏清の戦功などは記載されていない。氏清が和泉国守護に任じられたのは、永和四年（一三七八）であるが、それは『後愚昧記』の著者・三条公忠が伝え聞いたところによると「南方退治」（南朝方の退治）のためであったという。義理が紀伊守護に任命され、美作国の知行を許されたのも同じ理由からだと公忠は記す。補任後の氏清の活躍を見るに、幕府の思惑は達せられたと言えよう。

氏清に関する文書は少量ながらも残っているが、その一つが石清水八幡宮への寄進状である。氏清の寄進状は永和五年（一三七九）頃から見られるが、同年二月二十二日には石清水八幡宮に「和泉国加守郷」の五十石を寄進している。寄進理由は「天下泰平・家門繁昌」、殊に「心中所願成就」のためであった。「前陸奥守源朝臣氏清」（花押）と署名している。永徳二年（一三八二）十月十六日にも氏清は「摂津国榎並上東方土貢内」から三十石を寄進している。寄進理由は同じである。その他、氏清関連の文書としては、山城国守護としての禁制や、遵行状、書下、氏清の奉行人連署奉書などが見られる。

明徳二年六月頃までそういった史料が確認できるが、そういった一次史料からは、明徳の乱に至るまでの、または乱に関連する氏清の心境や動向を確認することはできない。貴族の日記やその他の史料から認められるのは、幕府侍所頭人としての活動や守護としての動きであり、特に南朝方の追討に奮闘する氏清の姿であった。

『明徳記』において氏清を勧誘し、挙兵に導く山名満幸についても、丹後国守護としての遵行状や杵築大社（出雲大社）への願文などは残っているものの、それら一次史料をもってして、野心や幕府への叛意を窺うことはできない。明治・大正時代の歴史家の田中義成（東京帝国大学教授）は、満幸が康応元年（一三八九）十一月二十日に杵築大社に捧げた願文をもって、山名時義に代わり自らが惣領になることを祈願したと見る（『南北朝時代史』）。

その願文は「心中所願成就」すれば社領を寄進すると記したものであるが、具体的な記述がないので満幸の心中は不明である。臆断は避けなければいけない。

時義は同年五月には病死して、その子・時熙が家督を継いでいるので、書くならば「山名時熙に代わり自らが惣領になることを祈願した」としなければいけないだろう。一通の願文の断片的内容でもって、その心中を推測できるならば、氏清の前掲願文でも「天下への野心があった」とすることができるが、それは飛躍というものであろう。

明徳の乱の一つの要因とされるのが、満幸による仙洞領（横田荘）の押領とそれに伴う出雲国守護職解任であるが、満幸による押領は一次史料では確認できない。それを記しているのは軍記物『明徳記』や江戸時代前期に成立したと思われる史書『南方紀伝』、江戸時代後期成立の史書『南山巡狩録』である。『明徳記』は、明徳の乱後それほど時を経ずに成立しているし、一説には「義満近侍の者」が作者に擬されているので、全く信用できないい史料ではないとしても、それでも虚構を含む「二次史料」であることは疑いない（それでも、明徳の乱関連の史料の少なさから、様々な事を考慮・検討しつつ『明徳記』を利用しない手はないのであるが）。

将軍・義満は、山名時義や時熙・氏之に幕府（将軍）に対する不遜な態度が見られるので討伐しようとしたと『明徳記』は記述するが、これも具体的にはどのようなことを指すか不明であるし、真にそのような態度を山名氏がとっていたかも信頼できる史料からは確認できない。ちなみに、但馬国村岡藩最後の藩主・山名義路により明治政府へ上表された山名家の家譜『山名家譜』（別称は山名家伝記）には「時熙兄弟、命に背きて上洛せざる事」を将軍・義満が怒ったと記されている。

時義について言うと、永和二年（一三七六）七月十九日、山名時義の被官と地下人が芋洗橋において「闘乱」（『後愚昧記』）、山名方六名が討たれるという事件が起こるが、義満の制止により、雪辱のための軍勢の発向を取りやめている（「士民」が多勢で、山名方が少数だったので退治ができないと見て、発向を取りやめたとも言われる）。その後、時義は前に見たように義理や氏清と共に南朝方の討伐も行っている。康暦元年（一三七九）には備後国守護に任じられている。康暦の政変後は、幕府は中国・四国地方においては、時義や河野氏を通じて、没落した細川氏への対策をとっている。同年十二月には、山名義幸（師義の長男。満幸の兄）が細川氏との戦いのため下向している（『花営三代記』）。

康応元年（一三八九）三月、義満は重臣を引き連れて安芸厳島神社に参詣するが、時義は病により、義満のもとには参っていない。前述のように時義は同年五月に死去し、代わりに子息の時熙が義満のもとに参上している（今川了俊『鹿苑院殿厳島詣記』）。

史料からは、生前の時義が将軍家に反抗的態度をとったことは窺えない。それは時熙や氏之についても同様である。

『明徳記』に拠ると、明徳の乱のきっかけとなったのは、一つには義満が山名氏清に同族の時熙・氏之討伐を命じたことだ。そうしたことから、強大な守護となった山名氏の勢力を削減するため、将軍・義満が山名一族の分裂を謀ったのではないかと言われてきた。

しかし、時熙・氏之の追討後、彼らが保持していた守護職を得たのは、氏清や満幸であった。つまり、この時点においては、山名一族の勢力は大幅に削減されていないのである。義満が山名一族の勢力を削減しようと目論んだという通説は再考を要するであろう。少なくとも、山名氏側の事情を考慮するべきである。とはいえ、幕府（将軍）の動きによっては、大名の一族統合に動揺が生じやすい状況があったこと、惣領権の行方に幕府の関与が意味を持っていたこともまた事実であろう。

第二章で筆者は「死去した時義の後継（惣領）は、子の時熙となったが、惣領と一族間の力の不均衡が争乱を巻き起こしていくことになる」と述べたが、惣領の地位を巡って、時熙と満幸の間で対立が生じていたとされる。一三七一年に山名時氏が死去して後、惣領となったのは嫡男の師義であった。しかし、永和二年（一三七六）には師義も死去。師義の後を継いで惣領となったのは嫡男の義幸ではなく、師義の弟・時義（時氏五男）であった。義幸が病弱であったためとされるが、これが後の山名一族内紛の契機となったのである。

時氏五男の時義が惣領になることができるならば、義理（時氏次男）・氏清（時氏四男）にもその資格はあるであろう。また、師義の子の満幸が惣領の地位を望んだとしてもおかしくはない。義理・氏清・満幸は明徳の乱で共闘することになる（義理は挙兵に消極的ではあったが）。

室町幕府は山名氏の惣領のみならず、一族の氏清も幕府要職である侍所頭人に起用している。これは、幕府が惣領に権力を集中することを抑止しようとしたのであろう。

追討を受けた時熙・氏之が義満に対し「全く野心を存ぜざるところに、一族の讒により て御勘気を蒙り」（全く野心がないところに、一族の讒言により、将軍の勘気を蒙り）と宥免を乞う場面が『明徳記』にあるが、時熙ら追討の発端は「一族」（山名満幸、氏清）が将軍・義満に時熙らについて讒言したことにあるのではないか。

繰り返すように、時義や時熙・氏之が幕府に反抗的態度を取ったことは管見の限り、一次史料などで確認できないし、時熙らの追討後も山名氏の勢力は削減されていない。義満が主導して時熙らを討ったのではなく、満幸らの讒言によって時熙追討令を発したと筆者は見る。『明徳記』において、義満は程なく時熙らを赦免しているが、追討が讒言によるものとするならば、それも理解しやすい。『明徳記』では、義満には底意があり、わざと氏清らを時熙追討に差し向けたと書くが、いざ氏清・満幸・義理が挙兵すると、義理に書状を遣わし、氏清らを教戒・翻意させよと命じるのである（『明徳記』）。義満は戦を回避しようとしているのだ。

しかし、交渉は失敗し、都において戦が開始される。山名氏の強大化を懸念した義満が、その勢力を削減するため、最初、氏清らをして時熙らを攻めさせ、翌年になると一転して氏清らを挙兵に追い込んだと諸書で説明されることが多いが、先述の義満の行動は「氏清らを挙兵に追い込んだ」にしては不自然である。氏清らが来襲したならば、目論見通りとして叩き潰せば良いだけであろう。

だが、義満は戦闘を回避しようとした。義満には氏清らと戦をする積もりはなかったと言えるであろう。明徳の乱の直前の明徳二年十二月二十六日には「武家沙汰」として鞍馬寺にて「四天王合行法」が始行されたという（『続史愚抄』）。これは「兵革静謐」の祈禱であった。ここからも、義満（幕府）の思いが窺えよう。明徳の乱は、義満の陰謀ではなく、山名一族の対立が要因で勃発したと言えるのではないか。

では、氏清や満幸らは何を目的にして挙兵し、都に侵攻したのであろうか。『明徳記』では氏清は「天下の望」「国務をのぞむ」と記載されているが、これをそのまま信用して良いものであろうか。一族間の対立や、惣領の地位を巡る不和が乱の要因であるので、失った守護職を回復したい、時熙らを再び追い落としたい、惣領の地位を得たいなど、氏清らの挙兵目的はそのようなものであったのではないか。

余談となるが、嘉吉《かきつ》の変（一四四一）において六代将軍足利義教を殺害した播磨守護・赤松満祐は、足利直冬の孫・義尊を将軍として擁立しようとした。自らが将軍になろうとはしていない。満祐は管領的立場になろうとしたと思われる。閑話休題。

明徳二年（一三九一）三月、康暦の政変以来、四国に逼塞していた細川頼之の復帰が義満により画策され、それに不満を示した斯波義将が管領を辞職し、越前国へと下向した。翌月、頼之は上洛し、その弟・頼元が管領となった。細川氏と山名氏が対立関係にあったことはこれまで度々触れてきた通りである。細川氏の復権は、山名氏にとっては不安要素だったろう。細川氏復権が山名氏挙兵の主要要因だったとまで言うつもりはないが、何らかの影響を与えた可能性はある。義満が細川氏を復職させたのは、頼之の経験や人脈を駆使して、南朝を吸収するためだったとの見解もある。

明徳の乱後、山名氏が有していた和泉・紀伊両国の守護職は大内義弘に与えられた。和泉や紀伊は、南北朝分裂直後から南朝の勢力基盤であった。森茂暁は「義満の信頼厚き大内義弘が後任守護に据えられる明徳の乱は、義満の南北朝合体計画の一環として引き起こされたと見ることもできる」「南北合体に向けての大内義弘の尽力と功績はその事を裏書きしている」（同氏『足利義満』二〇二三年、一八八頁）と論述されているが、大内義弘が南北朝合一に貢献したという史料は、例えば「金剛寺古記写」に「大内義弘、義満の命を蒙り、南朝和睦の義を縟う」とある程度であり、詳しくはよく分からない。外様大名の大内氏が南朝との交渉を代表するということは考えられないだろう。よって「義満の信頼厚き大内義弘が後任守護に据えられる明徳の乱は、義満の南北朝合体計画の一環として引き起こされた」とまで言えるかは疑問である。断言するのは慎重でなければならない。

『明徳記』では、開戦前、氏清は家臣の小林に対し「先年、事の次いで有し間、南朝より錦の御旗を申給て今にあり」（先年、南朝より錦の御旗を頂戴し、今も保持している）と語るが、氏清が南朝から錦の御旗を本当に賜っていたかは、一次史料からは確認できない。同書では、氏清は何年も前から天下への野心を滾《たぎ》らせているように描かれているが、実際のところはそうではなかったと思われる。

内野での合戦の直前、すなわち明徳二年十二月二十七日付の「室町幕府管領署判下知状」（細川頼元署判）は、「南方凶徒等参洛」するとの聞こえがあるので、路次を塞ぎ治罰を加えるべきことや情勢を注進することを山崎神人や地下人らに令したものである。この「南方凶徒等」は山名氏清らを指すと推定されている。このことから、氏清が南朝側と何らかの繋がりを有して挙兵した可能性は高い。

明徳の乱の具体的な合戦描写は『明徳記』に譲るしかない。『神護寺交衆任日次第』（明徳二年条）には、十二月晦日に「陸奥守氏清」が「大宮」（京都）に攻め上り、二条大宮辺りで大内義弘と交戦、数刻合戦し、一色兵部少輔（満範）に首を討たれたとある。義弘は二箇所に傷を負ったという。山名氏清、その舎弟の高義、小林義重（繁）ら「都合六万餘人」が討死したと同書は記すが、誇大な数であろう。ちなみに大内義弘の幕府への反乱（応永の乱＝一三九九年）について描いた『応永記』には義弘軍の活躍により山名氏清軍は敗北したとの記述がある。

鎌倉時代末から室町時代にかけて書き継がれた過去帳『常楽記』は「此合戦」（明徳の乱）

で「人馬二三千人死去」と記載している。また、同書は十二月二十九日に山名氏清が「御敵」となり京中に攻め入り、四十九歳で討ち死にしたと記す（実際は十二月三十日）。

明徳の乱は「内野合戦」と呼ばれたが、京都の中央に位置する「内野」はかつて平安京の宮城である大内裏があった場所である。しかし、大内裏は鎌倉時代に焼亡し、跡地は野原となっていた。ちなみに明徳の乱当時の内裏は、土御門東洞院（現在の京都御所のある場所）にあり、内野から約一キロの場所であった（義満が住む花の御所も同様）。敵の山名軍がこれらの場所に攻撃を加えたり、放火したりする前に、幕軍は内野において山名軍を殲滅する必要があった。内裏や将軍御所が放火・攻撃されたら一大事であり、義満の権威を損なうものであろう。よって、義満は山名軍を内野の内部に誘い入れて、幕軍がこれを包囲、短期に殲滅する作戦を立てたのだ。義満の作戦は見事成功したと言えよう。

激しい戦闘は一日で終わり、年明け（明徳三年正月四日）には、武功があった諸大名に闕国が与えられた。畠山基国には山城国、細川頼元には丹波国、一色満範には丹後国、赤松義則には美作国、大内義弘には和泉・紀伊国、山名時熙には但馬国、山名氏家には因幡国、山名氏之（幸）には伯耆国、佐々木高詮には隠岐・出雲国の守護職が与えられたのだ。

山名一族には但馬・因幡・伯耆国の三ヶ国の守護職が安堵され、他の諸国は他氏に与えられたことになる。盛時には十一ヶ国の守護職を有した山名一族であるが、明徳の乱の結果、大幅に勢力は削減されたのであった。明徳の乱においては、義満直属の御馬廻三千余騎が活躍（『明徳記』）したが、それをもって「義満の突出した優位性」が明らかになったという見解もある。また、山名氏は斯波派の大名だったため、乱勃発の背景には斯波義将に代わり管領となった細川氏の思惑があるのではとの見方も存在する。

明徳の乱は終結したが、山名満幸は逃亡したこともあり、残党蜂起が懸念されていた。明徳三年一月十日、管領・細川頼元は出雲の諏訪部（須和部）一族に満幸方の退治を命じている。満幸は出雲守護職を有していたので、残党や与党の挙兵が案じられたのであろう。実際の戦闘は明徳四年（一三九三）二月五日に起こった。満幸と交戦したのが、出雲三刀屋城の城主・諏訪部菊松丸であったが、彼は後日（三月二十一日）、軍忠状を提出し、佐々木高詮から「承了」（花押）との了承を得ている。その軍忠状に拠ると「山名播州」（満幸）と塩冶遠江入道父子が「謀叛」を企て、二月五日に「大勢」を率いて、三刀屋城に押し寄せたという。両軍は「散々合戦」し、諏訪部の一族・若党に数人の負傷者が出た。

しかし、奮戦の末、諏訪部方は満幸らを追い払う。その後（三月七日）、同国古志高でも合戦があり、一族の者が残るところなく負傷したという。諏訪部菊松丸は勲功として、同国下熊谷の地をあてがわれることになる。同年四月十一日、義満は河野通義に伊予国の軍勢を伯耆国に向かわせ、山名氏之と合力することを命じている。伯耆国も満幸が守護職を有していた国であり、残党蜂起があったのであろう。

その後、満幸の動静が分かるのが応永元年（一三九四）十一月二十八日のことである。東寺の「学衆方評定引付」に拠ると「去廿（二十）四日」に「山名播州蜂起」の風聞があったので、赤松義則が美作国に向けて出陣したという。この風聞が真実か否かは不明である。満幸が翌年（一三九五）三月に京都五条坊門高倉において佐々木氏の「勇士」により誅殺されたことは前述した通りである。山名義理は出家したとされるが、その後の動向は摑めない。諸国を流浪し、再び世に現れることなく、死去したのであろう。一方、山名氏清の遺児・宮田時清と満氏・氏明は、大内義弘の反乱（応永の乱＝一三九九年）に呼応し、丹波国で挙兵するも、山名時熙や氏之の軍勢により討ち取られる（同年十一月十八日）、残党の誅殺をもって、真の意味で明徳の乱は終わりを告げたと言えよう。

後世の明徳の乱――新井白石・頼山陽――

明徳の乱は、他の時代の歴史書などにはどのように記され、そして語られているのだろうか。この点に関して検討したものは管見の限り見当たらないので、ここで行ってみたい。

十四世紀前半に成立し、その後、書き継がれていったと考えられる武家年表『武家年代記』。その裏書の明徳二年「十二晦」には「山名氏清乱入洛中。同日討死」とのみ簡潔に記されている。ちなみに、明徳の乱の八年後である応永六年（一三九九）に起きた大内義弘による反乱「応永の乱」は、応永六年十二月二十一日の箇所に「和泉境大内入道義弘作乱。官軍討義弘了。十一廿九。始乱」と記載されている。室町幕府六代将軍・足利義教を殺害した播磨国守護・赤松満祐を追討した嘉吉の乱（一四四一年）については、将軍殺害や乱自体の記述はなく、満祐の首が都において「獄門」に掛けられたことを記すのみだ。『武家年代記』裏書における明徳の乱やその他の反乱の記述は頗る簡潔と言えよう。

応永初年（一三九四）頃に成立し、その後、追筆されたとされる鎌倉公方足利氏を中心にした武家年表『鎌倉大日記』。その明徳二年の箇所には、山名氏清が「武命」に背いて、一家（一族）とともに南朝の勅命を蒙ったと「自称」し、挙兵したと記される。そして十二月晦に内野に襲来し、「大将」（将軍・義満）は「御発向」、戦いにより「赤松以下義卒」の多くが山名氏のために討死したとする。山名氏清が一色右馬頭により「四十八歳」で討ち取られたことも記載されている。『鎌倉大日記』の明徳の乱の記述は、幕府方の兵を「義卒」と書くなど、幕府寄りの内容となっている。応永の乱に関しては、大内義弘が五月八日に泉州に打ち出して、十二月二十一日に討たれたことが記されているのみであり、明徳の乱の記述のように幕府寄りの視点は見られない。嘉吉の乱に関しては、赤松満祐が私宅で「公方義教」を討ったことを「謀叛」としている。その後は、嘉吉の乱の経過が簡潔に記され、満祐が自害したことも記載されている。

では、江戸時代に執筆・編纂された歴史書は明徳の乱をどう記述しているのか。

寛文《かんぶん》十年（一六七〇）に成立した『本朝《ほんちょう》通鑑《つがん》』は、徳川幕府編修の歴史書で、林《はやし》羅山《らざん》、林鵞峯《がほう》父子を中心に編纂されたものである。同書の明徳元年十二月の箇所には、山名時熙とその従弟・氏幸が「驕情」（驕りの心）を持っていたため、幕府の教令に縷々従わなかったと記されている。これに義満は怒る。義満は、山名時義の暴慢を糾そうと考えていたが、病死してしまった。時熙は父の悪を改めず、氏幸は党を為している。よって、義満はこれを懲らしめるため、同族の氏清・満幸をもって、時熙らを討とうとした。

氏清は「彼らを責めることは一家の衰微となりましょう。しかし、公命ならば断りませぬ。が、彼らが罪を謝すならば許されるのでしょうか」と義満に尋ねるも、義満は速やかに追討することを命じる。よって、氏清は即日、出兵して、丹波国（または但馬国）に赴き、時熙を討つ。満幸は伯耆国に行き、氏幸を追討した。与党は備後国にいたが、それは細川常久が討った。時熙は氏清と「伯姪」(叔姪)の間柄であったが、その関係は良好ではなかった。氏幸は病と称して在国していたので、満幸が代わりに都にいた。氏清の娘は満幸の妻で、よってこの舅と婿は仲が良かった。そのため氏清は時熙を討ち、その所領を併呑し、満幸は氏幸の所領を得ようとした。義満が時熙・氏幸を憎むのに乗じて、讒言、義満の怒りは激しいものとなった。明年、氏清と満幸は「謀叛之張本」となる。

明徳二年三月の項目には、山名氏清が丹波国(または但馬)を平定し、時熙を放逐して、その国の守護職に補任されたことが記載されている。満幸は氏幸に勝ち、伯耆・隠岐国の守護職に任命された。氏清と満幸の勢力は拡大した。

同年七月、満幸は出雲国横田荘(上皇御領)の官吏・斎藤氏を放逐する。義満は教書を下してこれを責めるが、満幸は無視。義満は怒り、満幸の出雲国守護職を解任した。丹後国に蟄居する満幸は憤り「事変」を待望する。

『本朝通鑑』の記述の流れを見たら分かるように、これは『明徳記』の話の筋に沿うものである。その後も、『本朝通鑑』においては『明徳記』に載る氏清の宇治不参などの逸話が記される。そしていよいよ戦となる訳であるが、義満は山名氏清らを討つことを「家僕を討つため」として「戎衣」（戦に出る時の衣服）を着なかったとある。『明徳記』よりは具体性に欠ける記述であるが、その意味は同じである。

一方、氏清は八幡に在陣している時、家臣の小林氏に「八幡社を崇敬し、賀茂社を造営してきたのは、敬神の心からだけではない。族宗の新田義貞はかつて後醍醐帝の勅に応じ、征夷将軍の職にあった。今、その氏族として、この大事を起こす。それも謂れのないことでもない。先年、南朝の錦旗を賜り、未だ所持している。今、義貞の例に従い、この旗を挙げるべし。戦に臨み、事が成ったならば、汝（小林）を執事としたい」と語りかけたと記載される。同様の逸話は『明徳記』に記されているが、同書にはその際、氏清は「国務をのぞむ條、謂なきにあらず」と語ったとある。

『本朝通鑑』にはそこまで露骨な表現がないことが特徴であろうか。明徳の乱が勃発するも、氏清は一色氏により討たれ、乱は鎮定される。

『本朝通鑑』の明徳の乱関連記事の最後に掲げられているのが、今川了俊著『難太平記』に収載されている山名時氏の言葉「我が没後、子孫らは必ず不軌（謀叛）を図る」である（そのままの引用ではないが）。

『本朝通鑑』においては、山名氏清の天下への野心は『明徳記』よりも薄められているように感じる。山名一族同士の諍いや領土への野心が乱の要因となったとする見解が濃厚である。乱後、僧の懇願により、義満は氏清の遺骸供養を許可したことも『本朝通鑑』に書かれている。それを聞いた氏清の母は「幕下」（将軍）の厚恩に感謝したとある。『本朝通鑑』は氏清の天下への野心は薄めて記述しているものの、同書は徳川幕府の関係者が執筆・編纂したこともあり、幕府（将軍）寄りの内容となっていると言えよう。ちなみに、江戸時代後期、幕府に仕えた学者らにより編纂された室町幕府の歴史書『後鑑』にも明徳の乱の記載があるが、その殆どが『明徳記』の引用をもって叙述されている。

江戸時代中期の学者・政治家の新井白石《あらいはくせき》の史論書『読史余論《とくしよろん》』も明徳の乱について叙述しているが、これまた『明徳記』の記述にほぼ沿ったものであり、特筆すべき記載はない。ただ着目すべきは、明徳の乱後の記述に『本朝通鑑』と同じように『難太平記』の山名時氏の前述の言葉が記されていることである。幕府への大恩を忘れて過分な振る舞いをすれば、氏清・満幸のような末路を辿ることを強調したいがためであろうか。ちなみに『読史余論』には氏清の天下への野心を示す逸話や、新田義貞と関連する話は収載されていない。将軍・義満が時熙・氏幸を赦免したことが、氏清が挙兵する要因となったとの書き振りである。とは言え、義満の変節を非難するような文章は見えない。

続いて、水戸徳川家当主・徳川光圀《とくがわみつくに》により編纂が開始された歴史書『大日本史』は明徳の乱をどのように記述しているのか。話の流れとしては『明徳記』と同じである。が、義満の軍議の場での言葉として、山名氏清が天下を狙っていることが記されているのが『読史余論』にはない特色と言えようか。しかし、氏清自身の言葉で（新田義貞と絡めて）天下への野心を語る場面は記されていない。『大日本史』は明徳の乱において、将軍・義満の活躍を特筆している。すなわち、力戦した大内義弘に佩刀を与えて感奮させ、敗れた味方に援軍を派遣する。義満が三千の軍勢を率いて味方を救援し、敵を破ったことなどが記されるのである。そして、乱後、義満が内野において戦死者を弔い、氏清を祭ったことを聞いた人々がその行為を称賛したと記される。基本的に義満中心の叙述になっているのが『大日本史』の特徴である。

江戸時代後期、文人の頼山陽が著した歴史書『日本外史』にも明徳の乱の記述があるが、勢威著しい山名氏を義満が悪《にく》み、これを討とうと図るとの記載がある。その一方で、山名氏清にも元来「異志」（謀叛の心）があったと記される。そして八幡において「吾は新田の支族たり。すなわち足利氏に代るも、誰か不可と為さん。吾れ将軍たるを得ば、汝を以て執事とせん」と家臣の小林氏に語るのであった。『日本外史』では、義満が山名氏の勢威を削減せんと企図したとあるものの、それについて義満を非難するような記述は見られない。乱後に義満が内野に法会を設けて、戦死者を弔ったことも記載されている。山名氏清についても「自ら才武（才能と武勇）を恃む」と、自信家な面が記述されているが、挙兵を非難するような一文はない。『日本外史』は天皇の権威を絶対化する大義名分論の観点から書かれたとされるが、明徳の乱に関しては『本朝通鑑』や『大日本史』の記述と比べて、客観的と言えるであろう。

江戸時代の歴史書は、明徳の乱を『明徳記』の記述を参考にして記していた。その中で、徳川幕府関係者が記した『本朝通鑑』や『大日本史』は幕府（義満）寄りの記述となっていることが判明した。新井白石は六代将軍・徳川家宣の侍講として幕政に参与したこともあって、その著書『読史余論』は『大日本史』には及ばぬものの、幕府寄りの記述であった。頼山陽の『日本外史』は明徳の乱における義満や山名氏を非難するような記述はなく、記述は客観的なものであった。ちなみに、山陽が晩年に執筆した歴史書『日本政記』には、義満が山名氏清や大内義弘を討ち取ったことにより、足利氏の「威」が天下に初めて響いたとして、義満を評価する記述もある。

明徳の乱を素材とした能に謡曲「小林」がある。「小林」は現在は演じられることがない「番外謡曲」とされている。その成立時期は不明であるが、曲中に「(山名)氏清の御事は。昨日けふ(今日)の事にて候」との台詞があるように、明徳の乱後、それほど時を経ずして創作されたと考えられている。

『春日若宮拝殿方諸日記』(宝徳四年=一四五二年条)の演能記録に「ワウシウウチキヨ」(奥州氏清)とあるが、これが謡曲「小林」の異称と考えられており、その頃には上演されていたのであろう。春日社頭で「小林」を演じたのは金剛大夫であった。「小林」の特徴は長大な語りや、瞽女《ごぜ》のハヤフシの謡や梓巫女の口寄せといった諸芸能を取り込んでいることとされる。また「小林」の創作に当たっては『明徳記』も参考にされたと言われている。

「小林」は僧侶(ワキ)の語りから始まる。それは「我が在俗の古は丹波の国の者にて候ひしが、山名氏清の御事餘《あま》りにいたはしく存じ、かやうのすがたとなりて候」というものであった。僧は都にあって、世上の沙汰を窺おうと思っていたが、人の目もあるのでまず石清水八幡宮に参詣し風聞を聞こうと思ったのである。

するとある男が「何事にて候ぞ」と問う。僧は「当山（男山）で何か珍しいことはないか」と聞くと、山上の廻廊にて瞽女が氏清のことを謡っているという。僧は「あらうれしや」と瞽女（ツレ）の謡を所望する。すると瞽女は、明徳の乱の顚末をハヤフシで謡うのである。氏清は「君を恨みし科により」八幡山を打ち出でて、その日も暮るるや暮れざるに「内野の露霜ときえにし事ぞいたはしき」「いたはしの奥州勢や」とあるように、氏清方に同情を寄せる内容であった。宮ツ子（シテ）が現れ、氏清の乱は「昨日や今日の事」だからと、謡うことを禁じようとする。僧は「氏清は名将であるので、その名を世に残さんために明徳記も書かれた。よって、苦しくないので謡って欲しい」と要望した。その後、宮ツ子は、氏清が神前で軍評定したのを御燈の役の時に詳しく聞いていたので、それを語ろうかともちかけ、僧も承りたいと所望する。

宮ツ子は、神前での軍評定の際、氏清の家臣・小林上野守が幕府に対して「悪逆」の謀反をしようとする氏清を諫言したと語る。しかし、氏清は先年、南朝より錦の御旗を賜ったといい、その旗を掲げて合戦し、戦に利あらば小林を執事の職にせんと言う。だが小林は、戦が始まれば先駆けて討ち死にすることを告げるのであった。その後、僧は内野合戦の山名勢の手分けを尋ね、宮ツ子はそれに答える。そして梓巫女（ツレ）が現れて、小林の霊を招き寄せる。すると甲冑姿の小林の霊が現れて、合戦で奮戦したさまを語る。謡曲「小林」は「さてこそ小林名将にて、おほくの敵を内野の原にて弓矢の名をこそ掲げにけれ」との台詞で幕を閉じる。

「小林」には明徳の乱の重要人物の一人と言うべき、山名満幸の名が登場しない。それは内野合戦で討ち死にせず逃亡した満幸が当時の人々から不人気であり「小林」の作者が観客の要望を考慮して、あえて満幸の名を出さなかったからとも言われている。「小林」は山名氏清やその家臣の側に立った芸能と言えるだろう。「小林」のみならず『明徳記』にも敗者の山名氏に同情する記述が見られるが、そうした感情は乱後すぐに人々の間に芽生えたはずだ。明徳の乱は足利義満の勝利に終わったが、足利方・山名方ともに多くの戦死者が出た。義満は応永年間に北野経王堂を建立するが、建立目的は「氏清天下勇士」であり「是故為彼霊及一族追福」するためであった（『大報恩寺縁起』）。北野経王堂は北野万部経会という、一万部の経典を一万人の僧侶に唱えさせる仏事の会場となったが、そこでは山名氏清ら戦没者の供養が行われたのである。

義満は乱の翌年の明徳三年十二月には、内野に畿内の僧侶一一〇〇人を集めて法華経一万部を読誦させているが、それも幕府方・山名方の戦死者の慰霊が目的であった。そのような儀式が人々の山名氏への同情を更に掻き立てたことは想像に難くない。その延長線上に『明徳記』や謡曲「小林」の山名方への憐憫があるのだろう。

江戸時代における明徳の乱の記述については終章で述べたが、明治時代になると、特に山名氏清の妻が注目を集めるようになる。夫・氏清の後を追って自殺したその妻が「列女」の一人として書籍に掲載されているのだ。例えば堀重修編『新撰列女伝 巻之1』(大竹英治、明治八年)がそれだ。明治二十年(一八八七)には『小学高等新読本』の中に「山名氏清ノ妻」の項目が立てられている。話の内容としては前掲『新撰列女伝』と同じである。夫・氏清の死を聞き自殺しようとした「藤原保修ノ女」は、氏清と共に死ななかった我が子二人を「不孝」として責め、ついに対面しなかったという話の筋である。

明治時代初期の修身教科書には、仇討ちや親の罪の身代わり、死をも厭わない子の献身などの話が散見されるが「氏清ノ妻」の挿話もそうした時代思潮にマッチしたものだったのだろう。「歴史」は時代の要請により、ある出来事がクローズアップされたり、再生されたりするものなのだ。本書が読者にとって明徳の乱の諸相に触れる契機になれば幸いである。末筆ながら、本書の編集を担当してくださった星海社編集者の片倉直弥氏に厚く御礼申し上げます。私事で恐縮であるが、本書を妻と今春に生まれた長男に捧げたい。

十月二十日　濱田浩一郎

主要参考引用文献一覧

村田正志「明徳記考」(『歴史と国文学』二十二-五、一九四〇年)
冨倉徳次郎 校訂『明徳記』(岩波書店、一九四一年)
富倉二郎「明徳記考」(『国語国文』十一-二、一九四一年)
冨倉徳次郎「異本明徳記考」(『文学』十-三、一九四二年)
臼井信義『足利義満』(吉川弘文館、一九六〇年)
杉本圭三郎「『明徳記』の位置」(『日本文學誌要』十六、一九六六年)
水野恭一郎『武家時代の政治と文化』(創元社、一九七五年)
角川源義『語り物文芸の発生』(東京堂出版、一九七五年)
小坂博之『山名常熙と禅刹』(楞厳寺、一九七六年)
大森北義「島原松平文庫蔵本「明徳記」について」(『鹿児島短期大学研究紀要』二十、一九七七年)
大森北義「『明徳記』の構造」(『古典遺産』三十、一九七九年)
小林健二「謡曲「小林」考」(『国文学研究資料館紀要』十、一九八四年)
大森北義・松林靖明「翻刻内閣文庫蔵『明徳記』上・下」(『古典遺産』三七・三八、一九八六年・一九八七年)
砂川博「『明徳記』と時衆」(『日本文学』三十六-六、一九八七年)
砂川博「『明徳記』の性格」(『北九州大学文学部紀要』三十八、一九八七年)

宮田靖國編著『山名家譜』（「山名家譜」刊行会、一九八七年）
和田英道「『明徳記』諸本中における天理本系統の位置」（『国文学科報』十六、一九八八年）
和田英道『明徳記　校本と基礎的研究』（笠間書院、一九九〇年）
今谷明『室町の王権　足利義満の王権簒奪計画』（中央公論社、一九九〇年）
砂川博「明徳記と時衆・再論」（『北九州大学文学部紀要』四十五、一九九一年）
高田誠文「『明徳記』における義満賛美の一方法－細川頼之の役割を中心として」（『國文學論叢』三十七、一九九二年）
加地宏江『中世歴史叙述の展開　『職原鈔』と後期軍記』（吉川弘文館、一九九九年）
長谷川端編『承久記・後期軍記の世界』（汲古書院、一九九九年）
大津雄一「『明徳記』と『応永記』との類似性－神聖王権の不在をめぐって」（『古典遺産』五十、二〇〇〇年）
新田一郎『太平記の時代（日本の歴史　11）』（講談社、二〇〇一年）
桜井英治『室町人の精神（日本の歴史　12）』（講談社、二〇〇一年）
山上登志美「続・島原松平文庫本『明徳記』作成の目的について－堺との関連をめぐって」（『甲南国文』四十八、二〇〇一年）
和田琢磨「翻刻・『春の夜の夢』所収『明徳記』－『明徳記』享受資料の紹介」（『文藝と批評』九－七、二〇〇三年）
和田琢磨「『太平記』における〈天皇〉と足利将軍－『明徳記』『応永記』を視野に入れつつ」（『古典遺産』五十三、二〇〇三年）
和田琢磨「『太平記』の変貌：『明徳記』の主題確認を端緒として」（『日本文学』五十二－十二、二〇〇三年）
長谷川端編著『太平記の時代』（新典社、二〇〇四年）
広井多鶴子「修身教科書の孝行譚－近代の〈親孝行〉試論」（『教育学年報』十、二〇〇四年）
濱田浩一郎『播磨赤松一族』（新人物往来社、二〇〇九年）

川岡勉『山名宗全』（吉川弘文館、二〇〇九年）
渡邊大門『中世後期山名氏の研究』（日本史史料研究会、二〇〇九年）
和田琢磨「「末代記録」としての『明徳記』－生成と享受－」（『国文学研究』一六〇、二〇一〇年）
濱田浩一郎「義則と室町幕府」（播磨学研究所編『赤松一族　八人の素顔』神戸新聞総合出版センター、二〇一一年）
小川剛生『足利義満』（中央公論新社、二〇一二年）
松岡久人『中世武士選書14　大内義弘』（戎光祥出版、二〇一三年）
『高校日本史B』（山川出版社、二〇一四年）
大坪亮介「『明徳記』における義満・頼之体制とその背景：寺社本所領保護への注視」（『文学史研究』五十五、二〇一五年）
山本隆志『山名宗全』（ミネルヴァ書房、二〇一五年）
大坪亮介「『明徳記』における山名氏清と新田義貞：朝敵認定との関わり」（『国語国文』八十五－三、二〇一六年）
桃崎有一郎・山田邦和編著『室町政権の首府構想と京都』（文理閣、二〇一六年）
市川裕士『室町幕府の地方支配と地域権力』（戎光祥出版、二〇一七年）
榎原雅治・清水克行編『室町幕府将軍列伝』（戎光祥出版、二〇一七年）
平瀬直樹『大内義弘』（ミネルヴァ書房、二〇一七年）
市川裕士編著『山陰山名氏』（戎光祥出版、二〇一八年）
濱田浩一郎「丹波片山家文書　南北朝期の新出史料について」（『古文書研究』八六、二〇一八年）
平野明夫編『室町幕府全将軍・管領列伝』（星海社、二〇一八年）
谷口雄太「幻の「六分の一殿」：山名氏にまつわる言説の検証」（『日本歴史』八六七、二〇二〇年）
関幸彦『敗者たちの中世争乱』（吉川弘文館、二〇二〇年）

桃崎有一郎『室町の覇者　足利義満』（筑摩書房、二〇二〇年）
山田徹『南北朝内乱と京都』（吉川弘文館、二〇二一年）
森茂暁『足利義満』（KADOKAWA、二〇二三年）

明徳《めいとく》の乱《らん》 将軍《しょうぐん》・足利義満《あしかがよしみつ》と山名《やまな》一族《いちぞく》の最終戦争《さいしゅうせんそう》

二〇二四年一一月二五日 第一刷発行

著者 濱田浩一郎《はまだこういちろう》

発行者 太田克史《おおたかつし》
編集担当 片倉直弥《かたくらなおや》

発行所 株式会社星海社
〒一一二-〇〇一三
東京都文京区音羽一-一七-一四 音羽YKビル四階
電話 〇三-六九〇二-一七三〇
FAX 〇三-六九〇二-一七三一
https://www.seikaisha.co.jp

発売元 株式会社講談社
〒一一二-八〇〇一
東京都文京区音羽二-一二-二一
（販売）〇三-五三九五-五八一七
（業務）〇三-五三九五-三六一五

印刷所 TOPPAN株式会社
製本所 株式会社国宝社

アートディレクター 吉岡秀典《よしおかひでのり》（セプテンバーカウボーイ）
デザイナー 山田知子《やまだともこ》＋チコルズ
フォントディレクター 紺野慎一《こんのしんいち》
図版 ジェオ
校閲 鷗来堂《おうらいどう》

ISBN978-4-06-537680-5
Printed in Japan

317
SEIKAISHA SHINSHO

183

北条義時

鎌倉幕府を乗っ取った武将の真実

濱田浩一郎

鎌倉幕府を乗っ取り、天皇を島流しにした武将・北条義時の真実！

本書の主人公・北条義時はマイナー武将だ。しかし、鎌倉時代を真に作ったのは、源平合戦に勝利した源頼朝でも、鎌倉幕府で暗躍した有力御家人「鎌倉殿の13人」でもなく、最後まで生き残り、鎌倉幕府を我が物にした北条義時なのである。義時は頼朝と父・北条時政に巻き込まれる形で源平の戦いに加わり、やがて鎌倉幕府の有力者へと成長する。頼朝没後、義時は幕府中枢「鎌倉殿の13人」の死闘を勝ち抜き、ついには父親を追放して鎌倉幕府の実権を握る。そして義時は朝廷と対立し、天皇・上皇との戦争という前代未聞の沙汰に及び、後鳥羽上皇らを打ち破って流罪にした。知られざる名将の覇業が、この一冊で明らかに！

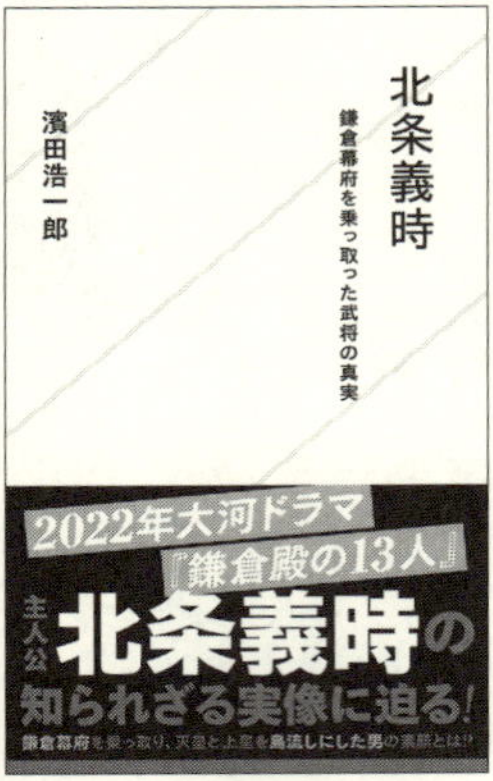

278

仇討ちはいかに禁止されたか？

「日本最後の仇討ち」の実像

濱田浩一郎

「日本最後の仇討ち」から見えてくる幕末維新の転換点！

時は幕末文久二年、藩政改革を目指す赤穂藩の家老・森主税とブレーンの村上真輔は、体制変革を狙う下級藩士・西川升吉らに惨殺される。彼ら「赤穂志士」は要人暗殺には成功するも体制変革は叶わず、流浪の運命をたどる。やがて維新後の明治四年、暗殺された村上真輔の息子・村上四郎たちは高野山で「志士」を待ち受け、「高野の仇討ち」を実行する。しかし、みごとに親の仇を討った四郎らを待ち受けたのは思わぬ法の裁きだった――「忠臣蔵」の赤穂藩で起きたもう一つの仇討ち劇を題材に、気鋭の史家が幕末維新の価値観を鮮やかに描く。

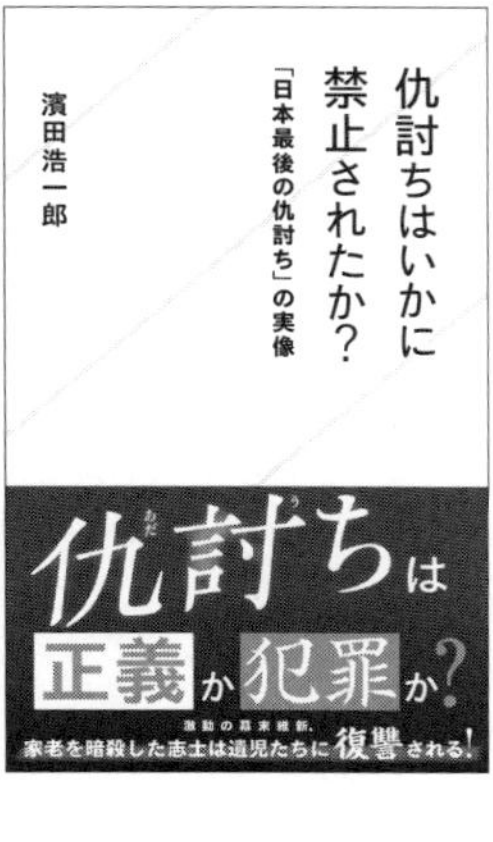

210

皇室と学問

昭和天皇の粘菌学から秋篠宮の鳥学まで

小田部雄次

皇室の私的な学問研究から見えてくる、もう一つの日本近代史！

皇族は多忙な公務の傍らで学問研究に励んできた。例えば粘菌学者の昭和天皇と魚類学者の明仁上皇は、親子二代で世界的博物学会・リンネ協会の会員に名を連ね、山階宮家の山階芳麿が作った山階鳥類研究所は鳥学の権威として約一世紀の歴史を持つ。しかし私的な行為である皇族の研究は、実際には公的な行為と密接に関わっている。平成の天皇が魚類学の知識を活かし、食糧事情改善のためブルーギルを日本に持ち帰ったことはその好例だ。なぜ皇族たちはかくも学問に尽力するのか、その理由は戦後の特異な皇室制度と不可分だ。皇族の学問研究を紐解くことは、戦後日本の栄華と矛盾を直視することに他ならない。

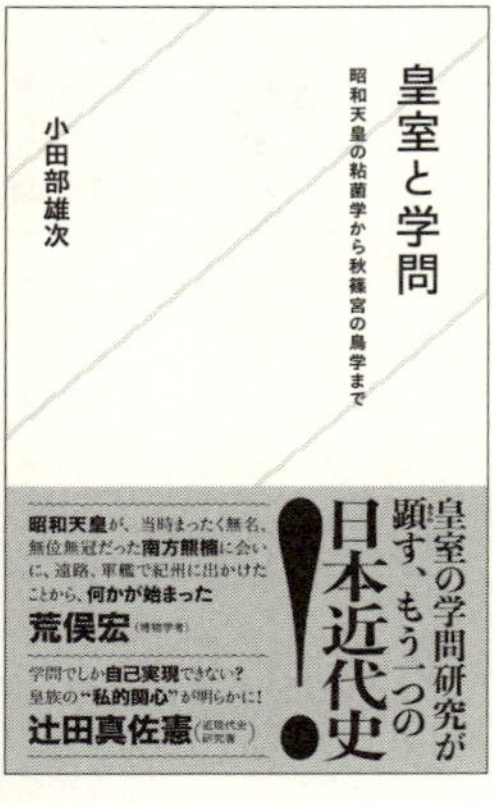

265

天皇家の帝王学

小田部雄次

日本の歴史を作ってきた「帝王学」の内実に迫る！

古くから日本に続く天皇家の統治の術、それが帝王学である。古くは軍事的才能、中世においては学芸や儒学への関心、近代においては儒学と洋学の素養など、そのあり方は時代とともに変化してきたが、天皇家が連綿と続く傍らには常に帝王学が、そしてそれを涵養する教育システムが存在した。歴史をひもとく中で分かるのは、帝王学が世相や権力のあり方をよく反映した写し鏡であることだ――武家政権の時代には平和的に宮廷文化を継承し、戦前には立憲君主としての統治能力として発揮されてきたように。逆に言えば現在の天皇家の帝王学からは、現在の、そして未来の日本の姿がよく見えてくるのである。

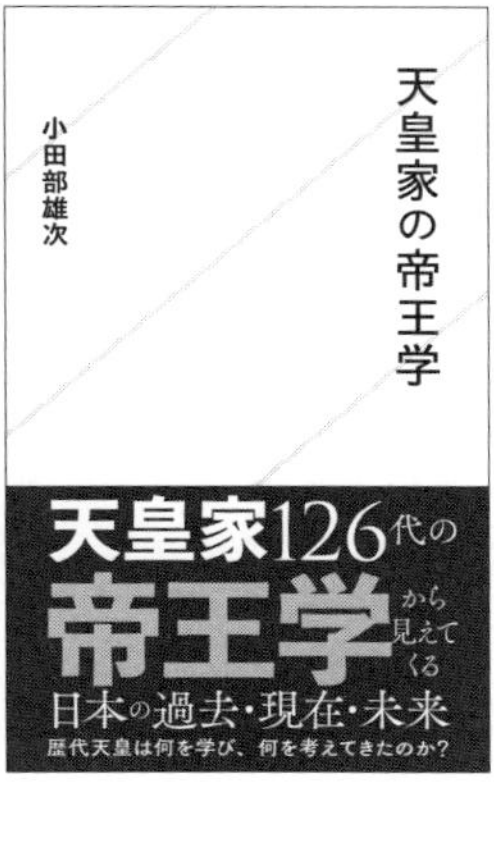

270

東大の良問10に学ぶ世界史の思考法

相生昌悟
監修 西岡壱誠

東大式「世界史の思考法」を総ざらい&東大世界史問題でより深める！

東大世界史は「世界史の思考法」を学ぶのに最適の教材です。東大はこれまで入試問題を通じて、枝葉末節の暗記にとらわれない世界史の大きな流れを理解する重要性を世に問うてきました。本書では、そんな東大世界史を徹底的に研究した東大生が選りすぐった10問をもとに、古代から現代までの世界史の流れを見ていきます。各章前半の講義編では、予備知識のない方でも東大の議論がわかるように前提となる世界史知識をまとめ、各章後半の演習編では、東大世界史名物「大論述」を実際に解いて、東大が問いかける問題意識や世界史の重要ポイントを詳細に解説しました。この1冊で東大レベルの世界史の思考法をマスターしましょう！

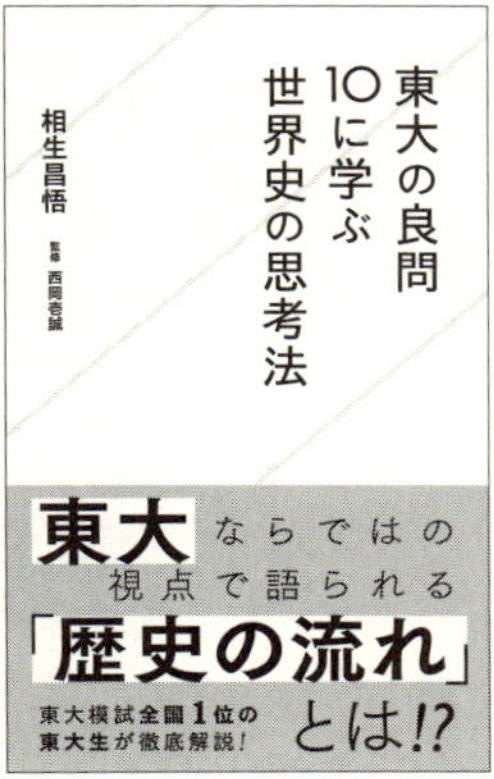

292

楠木正成・正行・正儀　南北朝三代の戦い

生駒孝臣

時代によって評価が変わった楠木氏三代

鎌倉時代末期から南北朝時代の武将楠木正成とその長男の正行、三男の正儀。この三人の父子が本書の主役である。後醍醐天皇と南朝を支え続け、戦前の教育では理想の「忠臣」として賞賛された正成・正行だが、戦後になると正成は権力に抗う「悪党」へと評価を一変させた。いっぽうの正儀は「裏切り者」のイメージから戦前の教育で触れられることはなかったが、近年は南朝を代表する武将として再評価が進んでいる。時代によって評価が大きく変わった楠木氏三代の実像とはどのようなものか。気鋭の研究者が同時代史料や『太平記』を駆使しながら虚飾のない新たな楠木氏像を再構築していく。

306

笑いで歴史学を変える方法

歴史初心者からアカデミアまで

池田さなえ

まったく新しい歴史学の世界へようこそ!

「瀕死《ひんし》」の歴史学を「笑い」の力で変える——そう宣言した時、ほとんど誰にも理解されなかった。「歴史はテレビでも漫画でもネット動画でも人気じゃないか」。しかし、そんな人気とは裏腹に、アカデミアの世界における「歴史学」は硬直化し、窮乏し、見放され、もはや「瀕死」である。本書はまず、世間一般が想像する「歴史」とアカデミアにおける「歴史学」、歴史エンタメにおける「面白い」と歴史学研究から生じる「笑い」の違いから説き起こし、歴史学研究と社会との溝を埋めることに意を砕いた。その上で、なぜ筆者が「笑い」に「瀕死」の歴史学を救う可能性を見ているのか、古典的名著から最新の研究までを導きの糸として考えていく。

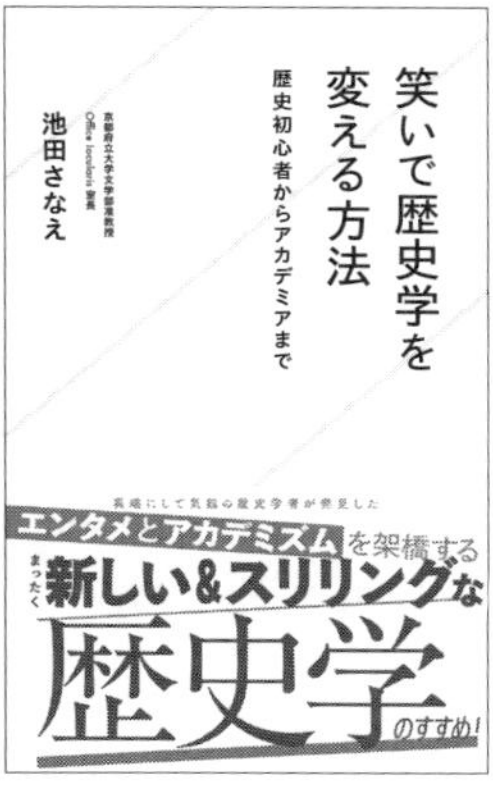

次世代による次世代のための

武器としての教養
星海社新書

星海社新書は、困難な時代にあっても前向きに自分の人生を切り開いていこうとする次世代の人間に向けて、ここに創刊いたします。本の力を思いきり信じて、**みなさんと一緒に新しい時代の新しい価値観を創っていきたい。若い力で、世界を変えていきたいのです。**

本には、その力があります。読者であるあなたが、そこから何かを読み取り、それを自らの血肉にすることができれば、一冊の本の存在によって、あなたの人生は一瞬にして変わってしまうでしょう。**思考が変われば行動が変わり、行動が変われば生き方が変わります。**著者をはじめ、本作りに関わる多くの人の想いがそのまま形となった、文化的遺伝子としての本には、大げさではなく、それだけの力が宿っていると思うのです。

沈下していく地盤の上で、他のみんなと一緒に身動きが取れないまま、大きな穴へと落ちていくのか？　それとも、重力に逆らって立ち上がり、前を向いて最前線で戦っていくことを選ぶのか？

星海社新書の目的は、**戦うことを選んだ次世代の仲間たちに「武器としての教養」をくばることです。**知的好奇心を満たすだけでなく、自らの力で未来を切り開いていくための〝武器〟としても使える知のかたちを、シリーズとしてまとめていきたいと思います。

2011年9月

星海社新書初代編集長　柿内芳文

SEIKAISHA
SHINSHO